Zeig dich!

Susanne Breit-Keßler (Hg.)

Zeig dich!

Sieben Wochen ohne Kneifen

DER
BEGLEITER
DURCH DIE
FASTENZEIT

edition chrismon

Fotonachweise:
Titelfoto: Hero Images/plainpicture.de; S. 9: Ulrike
Frömel; S. 27: Dorothee Deiss; S. 47: Kim Keibel;
S. 69: Eivind H. Natvig; S. 91: Heinrich Holtgreve;
S. 105: Gordon Welters; S.125: Jewgeni Roppel

Bibliographische Information der Deutschen
Nationalbibliothek: Die Deutsche Nationalbibliothek
verzeichnet diese Publikation in der Deutschen
Nationalbibliographie; detaillierte bibliographische
Daten sind im Internet über http://dnb.dnb.de
abrufbar.

© 2017 by edition chrismon in der Evangelischen
Verlagsanstalt GmbH, Leipzig
Printed in Germany

Das Buch wurde auf alterungsbeständigem Papier
gedruckt.

Cover: Hansiches Druck- und Verlagshaus GmbH ·
Frankfurt am Main, Berta Mattern
Satz: Formenorm, Friederike Arndt · Leipzig
Druck und Binden: BELTZ Bad Langensalza GmbH

ISBN 978-3-96038-110-5
www.eva-leipzig.de

Inhalt

Vorwort

Susanne Breit-Keßler

„Zeig dich!" – unser Fastenmotto scheint genau in die Zeit zu passen. Menschen versuchen, sich allenthalben von ihrer besten Seite zu zeigen: Bei Interviews im Radio, in TV-Talkrunden und Quizsendungen, bei Wettbewerben für einen Modelvertrag oder einfach dann, wenn es gilt, im Fernsehen groß rauszukommen. Die Ergänzung des Fastenmottos sollte allerdings stutzig machen: Sieben Wochen ohne Kneifen. „Kneif mich mal" sagt man, wenn man nicht glauben will, was passiert. Kann das sein? Ist das wirklich wahr? Hinschauen, sich zeigen ohne Kneifen, das bedeutet: Das Sein zu entdecken, den Schein von der Realität wegzuziehen und genau hinzusehen. Auf sich selbst, auf andere. Zeig dich! Sieben Wochen ohne Kneifen. Das sind sehr persönliche Fastentage ohne schöne Fassade.

Wer die Angst ablegt, sich zu zeigen, wie er ist, wer den Willen hat, deutlich zu machen, wofür er einsteht: Dieser Mensch gibt etwas von sich her, gibt preis, was er denkt oder fühlt und meint. Eine solche Haltung kostet eine Menge. Den Verzicht auf Versteckspiele und Verdrängen, auf ein „so tun als ob". Auf grandiose Selbstinszenierungen und (Selbst-) Täuschungen.

Zeig dich! Sieben Wochen ohne Kneifen. Wer das mitmacht, braucht Mumm in den Knochen. Den Mut, aus den bequemen Verstecken des Lebens zu kommen, die eigene Wahrheit zu entdecken – und die der anderen. Die Lust, sich ehrlich dem Leben zu stellen, auch wenn es erst einmal wehtut. Wir zeigen uns in diesem Buch, ohne zu kneifen. Und das passt nicht in die Zeit, das braucht sie. Ihnen wünschen wir viel Freude bei der Lektüre.

Gott zeigt
sich

1

Gott zeigt sich

Susanne Breit-Keßler

BIBLISCHE MINIATUR
ZU GEN, 32, 25–30

Jakob macht sich auf, um seinem Bruder zu begegnen. Nach vielen Jahren treffen die beiden wieder aufeinander – alle zwei voller Erinnerungen. Jakob hatte Esau mit einem Linsengericht um den Segen des Erstgeborenen betrogen. Wird der sich rächen wollen? Es gibt alte Verletzungen, die immer wieder aufbrechen. Vorwürfe, die nie verstummen.

In der Nacht vor dem Wiedersehen mit dem älteren Bruder ringt Jakob mit seinem *Alter Ego*, seinem anderen Ich. Er ringt mit seinem Schatten, mit dem, was alles in ihm steckt – und damit kämpft er auch mit Gott.

Denn wir sollen heil, ganz werden – von Gott her, der uns in den Krämpfen und Kämpfen unseres Daseins spüren lässt: Du sollst leben mit allem, was zu dir gehört.

Das gelingt erst dann, wenn man sich zeigt – sich selbst und anderen, Gott. So bin ich. Ganz in Ordnung meistens, manchmal sogar grandios und eben auch jämmerlich, schäbig, gemein. Schwach, ängstlich, voller Panik. Gott zeigt sich wie Jesus in Gethsemane: zweifelnd und verzwei-felt. Gott zeigt sich wie Jesus am Kreuz: als gepeinigter Mensch, als einer, der um sich und seine Zukunft fürchtet. Ihm kann man sich getrost anvertrauen.

Gott zeigt sich wie Jesus in Gethsemane: zweifelnd und verzweifelt.

Er nimmt niemals die Heldenpose ein, verzichtet auf das Pathos des Sie-gers. Um unsereinen wahrhaft mensch-lich werden zu lassen, wird er es selbst – in Freud und Leid. Jakob ringt mit die-sem Gott, weil er sich eigentlich nicht anschauen, sondern lieber vergessen machen will, was er Esau angetan hat. Aber Gott nötigt ihn zur Auseinander-setzung. Sieh, wer du bist! Wer ich bin!

Gott ist in das Leben verliebt, in die Menschen und ihre atemberaubende Vielfalt. Er liebt uns – damit wir werden können, was wir sein sollen: Geschöpfe, die Achtung vor sich selbst und vor anderen haben. „Wie heißt du?", fragt der Unbekannte, der die ganze Nacht mit Jakob gekämpft hat. Die Frage nach dem Namen ist die Frage danach, wer wir im Innersten sind, was in uns nach Entfaltung schreit. Solche Begegnungen sind immer auch schmerzlich.

Jakob sieht sich, das habgierige kleine Muttersöhnchen, sieht den vertrauensseligen, naiven Bruder, der auf ihn hereinfällt. Er erinnert sich daran, was ihm zwischenzeitlich alles widerfahren ist. Jakob hat teuer dafür bezahlt, dass er die Heimat verlassen musste. Um die geliebte Frau warb er – eine andere wurde ihm zuvor mit allen Tricks untergejubelt. Der betrogene Betrüger …

Aber da ist Gott, der neue Namen für uns weiß, vorwärtsdrängende, leidenschaftliche. Er fühlt wunderbare Neugier auf unser Leben und seine weitere Entwicklung. Das lässt atmen. Und wir können zurückfragen: „Wer bist du?" Die Antwort liegt auf der Hand. Wir sind eins mit Gott, dürfen eins mit uns selbst sein. Aus dem Zweikampf ist Umarmung geworden.

GOTT STAND IMMER IM RAUM

So lange ich denken kann. Wortreich. Geistreich. Geschichten-reich. Unüberhörbar. Sonntags und alltags. Vor allem auf meiner dörflichen Kindheitsinsel. Sie erstreckte sich vom Pfarrhaus bis zur Kirche eines Schinkelschülers und dem Friedhof mit seinen Kreuzen und Engeln. A und O – Anfang und Ende.

Kein Tag ohne dieses Wort GOTT, das im Deutschen einen harten Klang hat. Kein Tag ohne seine Utensilien: Bibel, Losung, Gesangbuch. Kreuze im Schlafzimmer der Eltern. Zwei im Arbeitszimmer des Vaters mit dem maritimen Bild an der Wand. Zwei im Parterre, im Gemeindebüro und dem Versammlungsraum. GOTT war sozusagen ein imaginäres Familienmitglied für das Mädchen, das ich war.

Aber zeigte er sich? Manchmal. Manchmal ja. So wie es versprochen ist.

Im leisen Säuseln des Windes (1 Kön 19,12) – wenn ich sicher unter der Hängebirke im Pfarrgarten träumte. Im leuchtenden Angesicht (4 Mos 6,25), wenn sich meine ältere Schwester neben mein Bett setzte, während das Fieber nicht fallen wollte. Als Licht (Ps 27), das sich im kristallenen Leuchter der Kirche brach und mir die Gottesdienste erhellte.

Ja, manchmal zeigte sich GOTT.

Außerhalb der Kindheitsinsel war er ziemlich unbeliebt. Und so für mich wenig vorzeigbar. Den Himmeln und den Spatzen sollte er überlassen werden, dieses verschimmelte

Hirngespinst. Zeig ihn mir doch einmal, zischte der Lehrer mit dem geröteten, porösen Gesicht.

Und da stand ich. Schwitzend. Very lonely.

Doch GOTT blieb im Raum, der sich für mich unendlich weitete. Die Insel verlassen. Aufbruch in die Stadt.

Die Theologiestudentin kämpfte mit den alten Sprachen und vielen Theologien zwischen Hoffnung, Zukunft und Narration. Sie las in der Bibel bei Tag und Nacht. Schaute sich um unter den Menschen. Tauchte ein in Kunst, Belletristik und Lyrik. Trank Wein und tanzte. Verliebte sich und verlor sich hin und wieder. Und da war es wieder, das Säuseln des Windes – auf einer Bank des Dorotheenstädtischen Friedhofs in Berlin. Das leuchtende Angesicht in einer liebenden Umarmung. Und das Licht während mancher Nachtgebete für den Frieden.

GOTT blieb im Raum, war mitgegangen und wurde nach und nach Fleisch, Gesprächspartner, DU.

Habe ich mit ihm gekämpft wie Jakob? O ja, nicht nur einmal. Nicht nur einmal habe ich mit ihm gerungen, ihn verwünscht, ihm geklagt, an ihm gezweifelt. Nicht nur einmal habe ich gedacht: Ich will seinen Namen nicht mehr in den Mund nehmen, weil er mir bitter schmeckt. Aber GOTT war und ist beharrlich, nicht nachtragend, nicht zimperlich. ER ist immer noch da. GOTT sei Dank.

Dann war da dieser Traum vor vielleicht zehn Jahren. Dieser wunderbare, befreiende Traum. Ich stehe in einer alten Krypta, ichweißnichtwo, und soll vor einer Gruppe an einem steinernen Altar eine Predigt halten. Ich stehe dort und bekomme kein Wort heraus. Mir fällt nichts ein. Mein Mund ist verschlossen. Auf dem Altar liegt gar nichts. Nicht einmal eine Bibel zum Festhalten. Meine Hände fühlen nur den kalten Stein. Ich entdecke einen Kollegen. Bitte bring mir eine Bibel, stottere ich. Er verlässt den Raum und kommt mit einer Bibel zurück. Als ich sie aufschlage, starre ich auf lauter unbeschriebene Seiten. Bitte, holt mir eine Bibel! Eine Frau macht sich auf den Weg. Die Bibel, die sie vor mich hinlegt, ist mit chinesischen Schriftzeichen versehen, die ich nicht entziffern kann. Und noch einmal versucht eine dritte Person mir zu helfen. Sie kommt mit einer so kleinen Bibel zurück, in der ich ohne Lupe nichts lesen kann.

Mein Herz klopft bis zum Hals. Ich schwitze, habe Angst. Dann nehme ich diese kleine Bibel und werfe sie mit Kraft zu Boden. Ich richte mich auf und spreche frei, ohne Textvorlage Psalm 139: „HERR, du erforschest mich und kennest mich. Ich sitze oder stehe auf, so weißt du es. Du verstehst meine Gedanken von ferne. Ich gehe oder liege, so bist du um mich und siehst alle meine Wege. Denn siehe, es ist kein Wort auf meiner Zunge, dass du, HERR, nicht alles wüsstest. Von allen Seiten umgibst du mich und hältst deine Hand über mir."

Seit diesem Traum habe ich viele Ängste verloren. „Ich lasse dich nicht, du segnest mich denn."

Gabriele Herbst

Gott zeigt sich – konkret

Beate Hofmann

An die strahlenden Augen im braungebrannten, stoppelbärtigen Gesicht kann ich mich noch genau erinnern, als ich meinen Mann am Flughafen abhole. Es ist ein inneres Leuchten, was sich in den Augen widerspiegelt. Er kommt mir gereifter, zufrieden in sich ruhend und verändert vor, obwohl wir gerade mal zwei Wochen getrennt waren. Die Reise in den Sinai, mit Nomaden und deren Kamelen zu Fuß durch die zerklüftete Berglandschaft, scheint ein besonderes Erlebnis gewesen zu sein. Spät am Abend liest er mir aus dem kleinen schwarzen Notizbuch vor, Gedanken und Erkenntnisse über unser Leben, die ihm auf seinem vierundzwanzigstündigen Solo wichtig geworden sind. Diese Erkenntnisse haben ihm innere Sicherheit gegeben für Entscheidungen, die damals anstanden. Sie sind eine Art Kompass geworden, selbst Jahre später noch. Das kleine Büchlein ist ein Lebensschatz, der etliche Umzüge überdauert hat und einen besonderen Platz im Bücherregal einnimmt.

„Solo" ist die Beschreibung für ein kraftvolles Ritual der Persönlichkeitsentwicklung. Genutzt wird es in der Erlebnispädagogik oder im Natur-Coaching.

Auf der Suche nach einer tragenden Vision für ihr Leben, um Klarheit für eine Entscheidung zu finden oder den Kopf für Neues freizubekommen, begeben sich Menschen für einen oder mehrere Tage und Nächte allein in die Natur. Sie nehmen nur das Wesentlichste mit. Einen Regen- oder Windschutz, Schlafsack und Matte, ausreichend Wasser, einige getrocknete Früchte oder Nüsse und ein Notizbuch. Viele Menschen, die ein Solo praktizieren, fasten. Sie wollen sich pur und mit allen Sinnen auf diesen Weg einlassen um persönlich weiterzukommen.

Was machen Sie, wenn eine schwierige Entscheidung ansteht? Wenn Sie spüren, dass etwas anders werden muss, Sie sich weiterentwickeln wollen, aber nicht wissen wie?

Vielleicht steht eine Bewerbung an. Möglicherweise wollen Sie Ihre Arbeit wechseln, wissen aber nicht, was dann. Oder Sie spüren, eine Beziehung ist zerrüttet und fragen sich, ob eine Trennung oder Versöhnung der bessere Weg ist. Die Erzählungen der biblischen Urväter berichten immer wieder davon, dass sich Menschen in existenziellen Situationen absondern von der Gruppe und zurückbleiben oder hinausgehen, um Gott zu begegnen und Weisung zu empfangen.

So verlässt ein Mensch den vertrauten Rahmen, die Sicherheit der Gruppe, die eigenen vier Wände und steigt auf den Berg. Oder er geht in die Einsamkeit und Stille der Wüste, um dort eine Erfahrung zu machen, die wandelt und bestärkt. Ganz bewusst wird die Komfortzone verlassen, um in die „Komm-vor-Zone" zu wechseln. Bisher Verdrängtes wird offenkundig, wenn äußere Ablenkungen wegfallen. Man begegnet sich, seinen Ängsten, Träumen, Hoffnungen und Fragen ganz pur. Manchmal ist solch eine existenzielle Begegnung sanft, mitunter emotional sehr berührend und oft ist es ein richtiger Kampf. Ein Kampf mit sich selbst, mit eigenen Ansprüchen und familiären oder gesellschaftlichen Erwartungen. Vielleicht begegnet man dabei dem Fremden in sich selbst, ringt damit und entdeckt, dass hinter verpassten Chancen und gescheiterten Plänen Gottes großes JA zum Leben steht. Das eröffnet neu den Blick für eigene Möglichkeiten und Stärken. Die Augen beginnen zu leuchten. Ein Weg wird sichtbar.

Coaching to go – Tipps für göttliche Momente:
• Gönnen Sie sich einmal in der Woche einen Rückzug aus der Gruppe, vom Team oder der Familie. Verbringen Sie beispielsweise eine Mittagspause allein im Park spazierend ohne die Kollegen oder eine Stunde am Abend ganz für sich. Achten Sie auf Themen, Fragen, Gedanken, die sich in dieser Zeit einstellen und betrachten Sie diese als Geschenk, das Ihnen Wegweisung geben kann.

- Gott zeigt sich! Menschen erleben das höchst unterschiedlich. Lassen Sie sich neu von solchen Erfahrungen inspirieren durch einen Besuch in der Kunstgalerie, eine Lesung, einen guten Film oder ein Buch zu diesem Thema.

- Der Entscheidungssuche Raum geben: Gönnen Sie sich bei großen Entscheidungen die Freiheit, einen Tag von Sonnenaufgang bis zum Sonnenuntergang hinauszugehen. Sie brauchen einen Wohlfühlplatz, an dem sie ganz ungestört sind. Nehmen Sie Schreibsachen mit, Wasser oder Tee und eine Ausrüstung, die das Draußensein ermöglicht. Hilfreich ist es, eine Person des Vertrauens zu suchen, mit der Sie später Ihre Gedanken und Erkenntnisse reflektieren können.

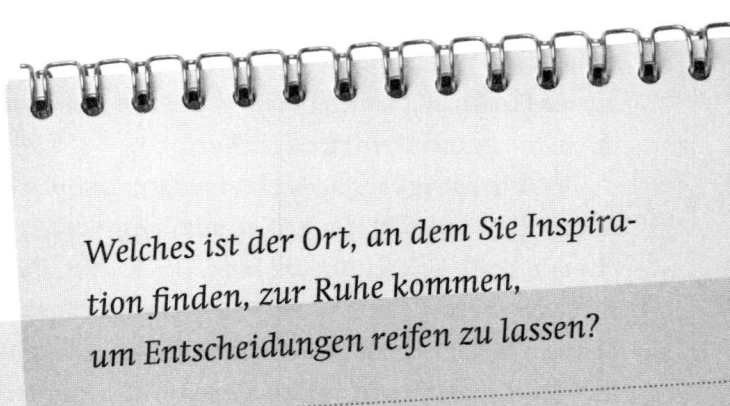

Welches ist der Ort, an dem Sie Inspiration finden, zur Ruhe kommen, um Entscheidungen reifen zu lassen?

GRENZÜBERSCHREITUNG

Wann hast du das zuletzt gemacht: eine Grenze überschritten, eine Grenze in deiner eigenen Welt? Zurück zu der, mit der dich schon so lange scheinbar nichts mehr verbindet. Einen Schritt zu auf den, der dich damals aus seinem Leben gestoßen hat. Einen Schritt Auge in Auge mit der Scham, die euch voneinander trennt, oder mit dem Schuldverdacht, der im Raum steht wie ein unsichtbarer Feind. All das Unerledigte. Alle sind schon durch; nur du bist da noch. Allein.

Hast du das überhaupt schon mal gemacht: gekämpft, wirklich körperlich gekämpft, bis an die Grenzen deiner Kraft? Hast du schon mal erlebt, wie das ist: einen Gegner aus dem Gleichgewicht bringen, ihm den Arm auf den Rücken drehen oder ihm ruckartig das Bein hochreißen, dass er fällt? Ihn auf den Boden drücken und ihm dein Knie in den Rücken bohren, bis ihn der Schmerz zum Aufgeben zwingt. Oder zuschlagen; nicht bloß mit der Faust einen blauen Flecken auf seinen Oberarm prügeln wie damals in der 6. Klasse, nein, ein richtiger Kampf.

Ihr steht bewegungslos, blickt einander verschlossen an. Erbärmlich, sagst du. Da holt er mit der geballten Faust aus und trifft dich seitlich am Kinn. Das brennt. Du realisierst gerade erst den Schmerz in deinem Gesicht, da trifft dich ein neuer Schlag. An der Brust. Das geht so nicht, denkst du, und schlägst zurück. Daneben. Um Haaresbreite *sein Gesicht verfehlt. Du änderst die Taktik, drückst ihn hart an die Wand, holst aus, triffst ihn mit einem Tritt ans Schienbein. Er nutzt den Widerstand der Wand in seinem Rücken und stößt dich von sich, dass du fast fällst. Aber du fängst dich, brüllst und schlägst wieder zu, mit allen Kräften, die du aufbringen kannst, ein Aufwärtshaken ans Kinn, das hat gesessen. Du fängst an, dich zu bewegen, zu tänzeln, anzutäuschen, dein Gegenüber fest im Blick, damit du ahnst, wohin sein Gegenschlag zielt. Schläge. Stöhnen, wegducken. Du taumelst. Irgendwo rinnt dir etwas Warmes ins Gesicht. Aufgeben? Never! Ausweichen und den nächsten Schlag vorbereiten. Und wenn das nichts hilft, sich in den Gegner verklammern. Nur nicht loslassen.*

Gegen wen kämpfst du eigentlich? Gegen dich selbst, gegen den inneren Schweinehund, gegen die Nachbarskinder, gegen den Typ, der hinter dir auf der Autobahn drängelt, gegen die Umweltschweine und die Rücksichtslosen, gegen den Krebs, gegen die Zeit, gegen die tägliche Überlastung, gegen die manipulative Kollegin, gegen die alten Zöpfe der Tradition, gegen die verkrusteten Strukturen in deiner Arbeit, gegen den Amtsschimmel, gegen die Stimme deiner Eltern, gegen Windmühlen?

Alles nur Schattenboxen? Von wegen! Frag deinen Körper nach den Narben, die beweisen, dass sich kämpfen wirklich lohnt.

Seit einem Jahr kann sie nicht richtig gehen. Erst saßen die Schmerzen im Unterschenkel und im Knie. Krämpfe manchmal. Dann ein Stechen im Rücken. Seit ein paar Wochen verhakt sich, sobald es bergauf geht oder der Fußweg zur Straße hin abfällt, beim Gehen ihre linke Hüfte. Sie möchte vorwärtskommen, aber es geht nicht. Nur indem sie die linke Körperhälfte nach vorn schiebt, kommt sie voran. Erst haben sie ihr gesagt, das ist das Knie. Oder eine Gefäßverengung. Jetzt haben sie ihr Cortison in die Lendenwirbelsäule gespritzt. Null Veränderung. Im Fernsehen hat sie einen Bericht gesehen über Menschen mit ähnlichen Beschwerden und über alternative Ursachen. Gar nichts an der Bandscheibe, sondern eine Muskelverhärtung. Also ein neuer Anlauf mit dem Orthopäden. Vielleicht bringt das ja die Lösung. Bis dahin versucht sie, in alldem zu funktionieren. Familie, Job, jeden Tag.

Und Gott? Ja, Gott. Hast du mal mit Gott gekämpft? Wer hat den denn als Gegner auf dem Schirm? Jakob, damals, vielleicht. Und? Bin ich Jakob?

Wo Gott hautnah erfahren wird, steht das Leben auf dem Spiel. „Ich hatte von dir nur vom Hörensagen vernommen; aber nun hat mein Auge dich gesehen. Darum gebe ich auf," sagt Hiob. Für manche ist es schon Glück, das Glück nicht mehr zu suchen. „Ich lasse dich nicht, du segnest mich denn," sagt Jakob, „wer bist du denn eigentlich?" Manchmal zeigt Gott sich erst, wenn man sich an ihn klammert, obwohl man ihn noch gar nicht richtig kennt.

Johannes Goldenstein

GEH IN DICH UND KÄMPFE

Wo gehört Gott eigentlich hin? In den Himmel? Bestimmt nicht als bärtiger Alter auf einer Wolke sitzend! Diese Vorstellung ist aus guten Gründen unpopulär geworden: Ein mäßig interessierter Mann, der in das Weltgeschehen eingreifen könnte, aber es irgendwie nicht tut. Ein ferner Gott, der Aufmerksamkeit und sogar Hingabe verlangt, aber keinen rechten Grund liefern kann, womit er das verdient hätte. In den Wolken ist Gott nicht gut aufgehoben.

Beliebter ist da die Vorstellung, Gott sei „irgendwie in allen Menschen". Da spürt man gleich die Nähe. Wenn Gott in mir ist, dann trage ich ihn ständig bei mir, und wenn er in allen anderen Menschen auch ist, habe ich automatisch einen besonderen Respekt vor ihnen. Es macht so ein schönes „Bauchgefühl", wenn man Gott in sich hat. Nur: Was geschieht, wenn ich in mich gehe?

Jakob geht in sich. Der vielfache Familienvater, der reiche Mann will allein sein. Am nächsten Tag wird er seinen Bruder wiedersehen. Der hat ihm angedroht, ihn zu töten, wenn sich die Gelegenheit bietet. Mitten in der Nacht steht Jakob auf und führt seine Familie über den Fluss, der ihn noch von seinem Bruder trennt. Jakob bleibt allein zurück und als die Dämmerung einsetzt, kann man sehen, dass er ringt. Da ist ein anderer, und die beiden sind verhakt ineinander, sie stöhnen, keuchen, rufen. Keiner kann den anderen loslassen, keiner kann gewinnen. Je heller es wird, desto dunkler wird der andere. Dann schreit Jakob laut auf. Später wird er erzählen, der andere habe ihn geschlagen und seine Hüfte ausgerenkt. Er wird sagen, dass der andere ihn aber auch gesegnet hat. Er wird sagen, dass er mit Gott gekämpft hat.

Wenn Gott „in allen Menschen" ist, wenn Gott in mir ist, dann kann ich ihm begegnen, wenn ich in mich gehe. Wenn ich aber Gott in mir begegne, kann es sein, dass er raus will und mit mir kämpfen will. Kein warmes Bauchgefühl, sondern rohe Kräfte. Gott segnet und schlägt. Dieser Gott ist mir um Längen lieber als der unbeteiligte Wolkensitzer oder auch das warme Gefühl in mir. Wenn Gott sich zeigt, wird es handgreiflich. Wer in sich geht und Gott begegnet, wird verändert.

Jakob, der Gottesbegegner und Gotteskämpfer, ist ernsthaft überrascht, dass er diesen Kampf überlebt hat. Er geht gesegnet weiter durch sein Leben, und damit er das nicht vergisst, humpelt er von nun an.

Wohin gehört Gott? Die Hauptsache scheint zu sein, dass wir uns ihm stellen, wenn er sich zeigt.

Frank Muchlinsky

Brief an Gott
Susanne Niemeyer

Also Gott. Schon bei der Anrede scheitere ich. „Lieber Gott"? Ach nein. Das ist so kindlich. Und auch, wenn wir uns allenthalben „deine Kinder" nennen sollen – so fühle ich mich nicht. Ich kann mit dem Vater-Ding nichts anfangen (und Mutter macht es auch nicht besser). „Herr" scheint mir sehr formell. Ein bisschen näher kennen wir uns schon oder? „Mein Gott" klingt vereinnahmend. „Hallo Gott" etwas banal.

Also einfach „Gott", bis mir etwas Besseres einfällt oder du den ersten Schritt machst. Du hast es leichter: Du kannst mich einfach bei meinen Namen rufen.

Was ich sagen will, ist: Zeig dich.

Es muss kein Feuerwerk sein. Ich brauche keine Erscheinung in einer abgelegenen Höhle. Dein Flammenschwert kannst du stecken lassen (falls du so etwas überhaupt hast). Du brauchst mich nicht zu beeindrucken. Es ist nicht Superman, nach dem ich mich sehne.

Was ich brauche, bist du.

Ich will dich nah. Ich will mit dir ringen. Ich will dich fühlen. Ich will merken: Du schreckst vor mir nicht zurück. Ich will mich nicht mit sperrigen Theorien über dich begnügen. Schöne Bilder reichen mir nicht. Ich will dich nicht als Gleichnis, ich will dich echt.

Wirf mich um und fang mich auf. Fall mir in den Arm und halt mich fest. Überwältige mich.

Ich halte dir stand.

Zeig dein
Mitgefühl / 2

Zeig dein Mitgefühl

Susanne Breit-Keßler

BIBLISCHE MINIATUR
ZU LK 10, 30–35

Es fällt nicht leicht, einem anderen, den man nicht kennt, zu helfen. Da liegt jemand auf dem Boden – vielleicht betrunken, wer weiß. Ob er schmutzig ist oder spuckt? Nachschauen? Ein Mann bedrängt eine Frau. Ihr zur Seite stehen? Oder hat sie Spaß? Es gibt immer Gründe, nichts zu tun. Man könnte selbst verletzt werden oder etwas falsch machen. Oder man hat Angst. Ist träge.

Nur: Was ist mit denen, die, wenn sie überleben, immer wieder Szenen der Gewalt vor sich sehen, Gesichter erinnern, die bloß gegafft oder einfach weggeschaut haben?

Was muss das für ein Gefühl sein, wenn man weiß, dass andere das Unheil hätten abwenden oder mindern können, wenn sie nur gewollt hätten ... Nichts lässt sich rückgängig machen.

Ein Mensch, dem niemand zur Seite stand, als es darauf ankam, kann künftig kein Vertrauen mehr haben. Er wird misstrauisch, menschenscheu, plagt sich mit Hassgefühlen und bodenloser Trauer herum. Und selbst? Wenn man zugesehen oder weggeschaut hat, statt einzugreifen? Verdrängen hilft bestenfalls nur eine gewisse Zeit.

Irgendwann bohrt es sich unnachgiebig in das eigene Bewusstsein: Ich bin mitverantwortlich dafür, dass es einem anderen schlecht geht. Im schlimmsten Fall habe ich zugelassen, dass ein Mensch nie mehr so leben können wird wie zuvor. Was sehe ich im Spiegel? Was, wenn ich diesem Menschen eines Tages wiederbegegne? Habe ich da noch Worte?

Man wird zunehmend besorgt, ob einem andere beistehen, wenn man sie braucht. Das eigene fragwürdige Verhalten zieht andere mit in Zweifel. Dabei ist es nicht so schwer: Mitgefühl verlangt nach einer gesunden Mischung aus Spontanität und Nachdenken, manchmal auch Bundesgenossen, die einem zur Seite stehen. Hauptsache, man zeigt, dass man Herz hat.

Und das kann man einüben – in den Situationen, in denen es nicht gleich um alles, aber um viel geht. Dann, wenn ein Freund schon wieder Liebeskummer hat oder die Kollegin sich um ihren Vater sorgt. Wenn ein Kind Angst vor einer Schulaufgabe hat oder der Nachbar seinen Arbeitsplatz verliert. Wenn einen selbst die Trauer zerfetzt und man Gespür für sich, für die eigene Seele braucht.

Mitgefühl zeigen kann der Mensch, der seine persönlichen Emotionen kennt, der weiß, wie weh dieses Leben tun kann. Der es zulässt, dass ihn oder sie die Tränen überschwemmen statt so zu tun, als wäre man der Lage Herr. Der Herr selbst, Gott, zeigt seine Trauer, sein „Herzeleid". Er stirbt sogar dafür, dass andere leben. Empathie und Sympathie – sie zeigen, wes Geistes Kind wir sind.

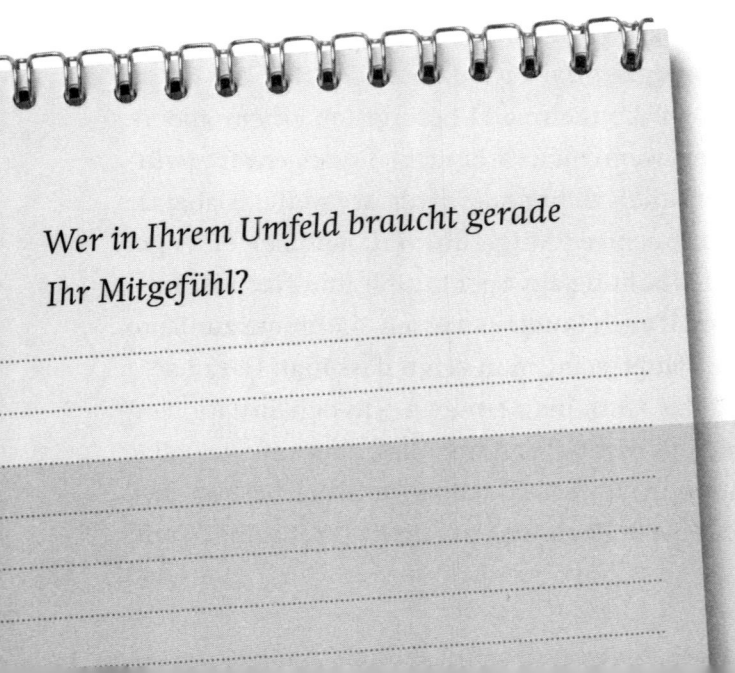

Wer in Ihrem Umfeld braucht gerade
Ihr Mitgefühl?

DIE FRAGE NACH DEM EWIGEN LEBEN –
DER BARMHERZIGE SAMARITER

Auf die Frage eines Gesetzeslehrers, was er tun müsse, um das ewige Leben zu erhalten, antwortet Jesus mit dem Gleichnis vom barmherzigen Samariter und dem Gebot der Nächstenliebe. Aber wer ist denn mein Nächster?

Wir reden uns gerne raus, genau darum geht es. Kennen Sie „A Christmas Carol" von Charles Dickens? Dort gibt es den Charakter des Ebenezer Scrooge, diesen unsympathischen Geizkragen, der, konfrontiert mit dem Elend seiner Zeit, darauf verweist, doch Steuern zu zahlen.

Auch ich habe immer viele Gründe. In der Selbstrechtfertigung etwas nicht zu tun sind wir geübt. Im Zweifel verweisen wir auf andere: den Staat, Institutionen, Organisationen, Leute, die mehr Zeit und weniger Verpflichtungen haben.

Jesus durchbricht dieses Argumentationsmuster, indem er ein Gleichnis erzählt oder vielmehr: ein Gleichnis konstruiert. Dabei seziert er unbemerkt den schon damals überstrapazierten Begriff des „Nächsten".

Das sogenannte Doppelgebot der Liebe, diese Zweifachrichtung: Liebe Gott UND liebe deinen Nächsten, war schon damals vor allem im hellenistischen Judentum bekannt. Damals wie heute beschränkte man die Nächstenliebe gern auf den engsten Kreis: Sei nett zu deiner Familie und Freunden, dann bist du ein guter Mensch.

Jesus entschränkt diese (bequeme) Perspektive zweifach. Zum einen indem er „Nächster" im Sinne der Präposition „nah" auflöst. Der „Nächste" ist also nicht allein der, der mir persönlich emotional nahesteht, sondern ganz simpel der, der mir im Sinne der Präposition „nah" ist – egal ob an der Kasse im Supermarkt oder in der Bahn. Es geht hier um räumliche, nicht emotionale Nähe. Der deutsche Mystiker Meister Eckhart formuliert das ganz in diesem Sinne gut 1000 Jahre später: „Immer ist die wichtigste Stunde die gegenwärtige; immer ist der wichtigste Mensch, der dir gerade gegenübersteht; immer ist die wichtigste Tat die Liebe."

Jesus sieht in der Fürsorge für den engsten Kreis keinen besonderen Verdienst: „Denn wenn ihr liebt, die euch lieben, was werdet ihr für Lohn haben? Tun nicht dasselbe auch die Zöllner? Und wenn ihr nur zu euren Brüdern freundlich seid, was tut ihr Besonderes? Tun nicht dasselbe auch die Heiden?" (Mt 5,46f.)

Ist diese erste Entschränkung unserer bequemen Deutung von „Nächster" noch appellativ („Darum sollt ihr vollkommen sein, wie euer himmlischer Vater vollkommen ist." Mt 5,48), ist die zweite eher pädagogisch: Jesus vollzieht mit uns einen Perspektivwechsel. Während wir noch, bequem auf einer Jurybank sitzend, werten, wer sich denn von den dreien – Priester, Levit oder Samaritaner – am besten verhalten hat, nimmt Jesus uns unmittelbar in die Geschichte hinein. Er identifiziert uns mit dem, „der unter die Räuber fiel". „Wer von diesen dreien, meinst du, ist der

Nächste geworden dem, der unter die Räuber gefallen war?" Da ist die Sache klar: „Der die Barmherzigkeit an ihm tat."

Diesen Perspektivwechsel vollzieht Ebenezer Scrooge übrigens auch, als er, durch den Geist der Weihnacht geführt, seinen armen Angestellten Bob Cratchit besucht und dadurch zu einem Sinneswandel kommt.

Durch den beschriebenen Subjekt-Objekt-Wechsel wird das Opfer zum Subjekt erhoben und so zum Mitspieler der Geschichte. Durch die Rückfrage gibt Jesus dem Gleichnis eine überraschende Wendung. Ich erinnere mich noch an die Zeit des Kindergottesdienstes in den 80er-Jahren. Die jüdisch-christliche Erneuerung steckte da noch in den Kinderschuhen, die Theologie war noch latent antijüdisch. Mit dem Gleichnis war ich da schnell fertig. Mir war klar, dass sich Priester und Levit doof verhielten und ich mich als braves Christenkind natürlich in der Rolle des Samaritaners sah. Mich mit dem Opfer zu identifizieren, seine Perspektive einzunehmen und dadurch die Geschichte zu entschlüsseln, darauf wäre ich nicht gekommen.

Es ist gerade die Einfachheit von Jesu Argumentation, die mich in meinen bequemen Konstrukten enttarnt. Wer ist denn mein Nächster? Diese Frage klärt sich, wenn ich die Perspektive meines Gegenübers einnehme. Mich frage, welche Not hat mein Gegenüber. Was braucht er oder sie von mir. Und dann beginnt erst die Arbeit.

Christiane Birgden

Zeig dein Mitgefühl – konkret

Beate Hofmann

Dicht gedrängt sitzen die Flüchtlinge im Boot. Ich sehe die angstvoll aufgerissenen Augen zweier Kinder, bekomme das Bild nicht aus dem Kopf. Danach ein Bericht über hunderte Beschäftigte eines großen Unternehmens, was gerade den Konkurs bekannt gegeben hat. Es macht betroffen zu hören, dass viele der Menschen wohl ihre Arbeit verlieren werden. Auf der Autobahn ein Unfall mit Toten und Gaffer behindern die Zufahrt der Rettungsfahrzeuge. Im Süden von Bangladesh wieder Überschwemmungen – der Klimawandel sei ein Auslöser.

Und ich sitze vor dem Fernseher. Betroffen, fragend, sorgend und fühle mich machtlos. Gerne würde ich helfen, nur wie und wem zuerst?

Vielleicht geht es Ihnen auch manchmal so.

Wir fühlen uns angesprochen, möchten die Ärmel hochkrempeln und etwas tun. Gleichzeitig ist klar, wir können nicht die ganze Welt retten. Unsere Zeit, unsere Mittel und Möglichkeiten sind begrenzt. Also schalten wir den Fernseher aus, beruhigen uns mit dem Gedanken, dass Arbeitslose in Deutschland anders als in vielen Ländern dieser Welt eine soziale

Absicherung haben, dass es professionelle Hilfsorganisationen gibt oder die Welt ist, wie sie eben ist.

Welchen Wert hat Mitgefühl, wenn es nicht ausgelebt werden kann? Manchmal befürchte ich, es macht uns träge. Wir stumpfen ab statt uns für andere einzusetzen. Was also tun als hilfloser Helfer? Die Augen verschließen vor dem Leid der Welt?

> " Wer ständig nur um seine „To do-Liste" kreist, übersieht schnell seine Nächsten. "

Wohl kaum, das ist uns instinktiv klar. Hinsehen, ohne den Anspruch zu haben, die Welt zu retten? Vielleicht bedeutet es, das eine zu tun und das andere nicht zu lassen. Ich kann spenden für „Brot für die Welt", „Ärzte ohne Grenzen" oder eine private Initiative in Afrika. Damit unterstütze ich Menschen, die sich vor Ort mit ihrem Wissen einsetzen. Und ich kann die Augen weit aufmachen für das, was vor meiner Haustür, in meiner Straße oder in meinem sozialen Netzwerk passiert. Doch das setzt Aufmerksamkeit voraus.

Wer ständig nur um sich und seine Ziele, seine Zeit, seine „To do-Liste" kreist, der übersieht schnell, was sich in unmittelbarer Nähe abspielt. Dass der eigene Sohn auf ein liebevolles Wort der Anerkennung wartet, dass die Nachbarin mit dem Rollator mal jemanden braucht, der ihr den Sprudelkasten trägt, dass die Freundin, die sich gerade von ihrem Mann getrennt hat, in ihrer Wohnung furchtbar allein ist, dass der Chef zwar für alle da ist, aber dass niemand fragt, wie er es schafft, mit dem Druck der Verantwortung und der Zahlen umzugehen.

Mitgefühl beginnt viel eher als gedacht: mit einem guten Gespür für sich selbst. Das ist die Voraussetzung, auch andere in ihrer Sehnsucht, ihrer Not, ihrer Freude wahrzunehmen. Empathie, beruht auf Verbundenheit – mit sich und mit anderen. Wer seine Fähigkeiten und seine Grenzen kennt, der kann einschätzen, wann er „ja" und wozu er „nein" sagen muss. Er wird dann weder achtlos an anderen vorbeigehen noch seine Kraft im Mit-Leiden erschöpfen oder glauben, er müsse in jeder Situation sofort eingreifen. Mitfühlende Menschen brauchen Tatkraft, Mut und einen klaren Verstand. Denn nur ein überlegter Helfer wird eine wirkliche Hilfe sein. Mir hilft der Hinweis im Flugzeug: „Im Falle eines Druckabfalls in der Kabine setzen Sie sich zuerst die Sauerstoffmaske auf. Helfen Sie dann bei Bedarf Ihrem Nachbarn".

Fragen bringen uns häufig weiter als fertige Antworten. Deshalb stellen wir uns selbst immer wieder einmal die Frage, mit der Bernhard von Clairvaux seinen Freund, Papst Eugen den III., schon vor 900 Jahren zum Nachdenken brachte: „Wem willst du Gutes tun, wenn du dir selbst nicht gut sein kannst?".

Drei Coaching-Tipps für einen guten Umgang mit Mitgefühl:

- Achten Sie diese Woche auf Ihre eigenen Gefühle: Was verunsichert oder ärgert Sie, worauf sind Sie stolz oder was macht Sie froh und dankbar? Verurteilen Sie sich nicht, wenn etwas misslungen ist. Begegnen Sie sich selbst wie einer guten Freundin, einem guten Freund: wohlwollend, tröstend, ermutigend.

- Achten Sie auf eine Person in Ihrem Umfeld, der Sie ganz bewusst mehr Aufmerksamkeit schenken. Was genau braucht dieser Mensch von Ihnen? Womit können Sie diesen Menschen bestärken?

- Achten Sie darauf, wo Sie einem fremden Menschen mitfühlend begegnen können. Ob Sie den Weg weisen, ein Taschentuch reichen, ein Lächeln verschenken oder den Vortritt gewähren – es gibt unzählige Möglichkeiten, Einfühlungsvermögen zu zeigen und damit die Welt ein kleines Stück heller zu machen.

Man hat sie ja schon häufiger gehört, die Geschichte über den „barmherzigen Samariter". Der Begriff „Samariter" steht in unserem Sprachgebrauch wie kein anderer für den „Helfer". Ein Rettungsdienst hat sich sogar danach benannt. Bei genauerer Betrachtung stellt der – zunächst so einfach anmutende – Text viele Fragen. Bevor ich darauf eingehe, möchte ich aber erst einmal etwas zugeben: Der Text erinnert mich immer wieder an eine Episode in meinem Leben, die inzwischen über 25 Jahre zurückliegt. Es kommt mir vor, als wäre es gestern gewesen. Ich lebte damals zusammen mit meinem Mann in Saarbrücken. Ich habe dort Kommunikationsdesign studiert und wohnte in einer kleinen Seitenstraße in der Nähe der Kunsthochschule. Beim Verlassen unserer Wohnung beobachtete ich aus dem Augenwinkel, wie eine ältere Dame die kleine Straße überqueren will, sich allerdings irgendwie mit dem Bürgersteig verheddert und fällt. Meine erste Reaktion: „War da was? Ich hab' nix gesehen! Mich hat niemand gesehen. Nix wie weg hier!" Die nächste Reaktion war dann (zum Glück): „Bist du bescheuert, Eva?! Natürlich hast du das gesehen, du gehst jetzt sofort dahin und hilfst dieser Frau!" Im Nachhinein war alles harmlos – der Frau war nichts geschehen. Sie war schnell wieder auf den Beinen. Und ich war um eine Lektion über mich selbst schlauer: Ich bin alles andere als eine Heldin! Kneifen statt helfen war meine erste

Reaktion. Peinlich. Aber so war es. Und es hat sich in mein Gedächtnis eingebrannt.

Aber zurück zur Samariter-Geschichte und zu den Fragen, die ihre Lektüre bei mir aufwirft: Warum wollte der Schriftgelehrte Jesus auf die Probe stellen und womit? Was meint der Gesetzeslehrer mit dem Begriff „ewiges Leben"? Warum weiß er nicht, was mit „Mitmensch" gemeint ist? Was ist an diesem Begriff so schwer zu verstehen? Worum geht es wirklich in dem Gespräch zwischen Jesus und dem jüdischen Gelehrten? Oft ist es ja so, dass Jesus diejenigen, die ihn auf die Probe stellen wollten, selber auf die Probe stellt. Worin stellt Jesus den Fragenden auf die Probe?

Über diese Geschichte gibt es sicherlich unzählige Predigten und Schriftauslegungen. Eine, die mir nachhaltig zu denken gab, drehte sich weniger darum, WAS in der Geschichte getan wurde, sondern WER etwas getan hat und was das mit dem Zuhörer macht: Samariter – uns geht dieser Begriff heutzutage leicht über die Lippen. Für uns ist der Name dieses Volksstamms der Inbegriff von Barmherzigkeit und Hilfsbereitschaft. Für den Juden, der damals mit Jesus sprach, war das definitiv nicht der Fall. Die Samariter waren für die Juden ein absolut verhasstes Volk. Die Geschichte, die Jesus auf die Frage des Schriftgelehrten erzählt, sagt ganz klar für damalige Ohren: Die Aufforderung Gottes, deinen Mitmenschen zu lieben wie dich selbst geht bis hin zu deinen Erzfeinden. Freunde kann jeder lieben – Gott geht es vielmehr darum, wie wir mit unseren

Feinden umgehen. Die Samariter waren den Juden so sehr verhasst, dass der Gesetzeslehrer auf die Frage Jesu, wer denn nun als Mitmensch gehandelt habe, den Begriff „Samariter" nicht über die Lippen bringt. Er muss zwar (wahrscheinlich zähneknirschend) zugeben, dass dieser am mitmenschlichsten gehandelt hat … aber er umschreibt ihn nur, ohne seinen Namen zu nennen. Peinlich. Ähnlich peinlich, wie meine eigene Geschichte zum Thema Barmherzigkeit. Aber so sind wir Menschen — wir müssen alle über unseren Schatten springen. Erst dann kann es etwas werden mit der Mitmenschlichkeit.

Eva Jung

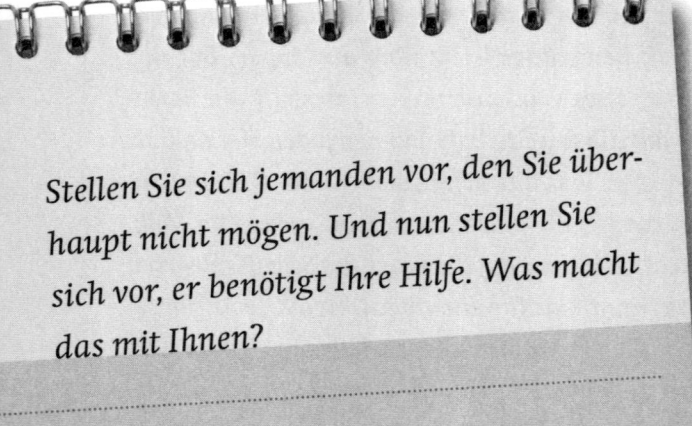

Stellen Sie sich jemanden vor, den Sie überhaupt nicht mögen. Und nun stellen Sie sich vor, er benötigt Ihre Hilfe. Was macht das mit Ihnen?

Unbequem
Susanne Niemeyer

Ich will dein Mitgefühl.
Ich will, dass du in meine Schuhe schlüpfst.
Sie gehören dir nicht,
möglich, dass sie dir nicht gefallen,
dass du so etwas nie tragen würdest und dass sie
überdies auch zwei Nummern zu klein sind.
Sorry. Mitgefühl ist selten bequem.
Du findest das peinlich.
Weil ich nicht du bin,
weil das nicht zu dir passt,
nicht das Gefühlige und auch nicht
die roten Ballerinas, die seltsam verloren aussehen
an deinem Fuß und drücken hinten und vorn.
Du fragst dich,
was die anderen wohl denken werden, aber
sorry. Mitgefühl kennt keine Scham.
Du sagst, du willst dich nicht runterziehen lassen.
Du hast gerade eigene Sorgen,
die reichen dir vollkommen.
Am Ende, sagst du,
geht es uns beiden schlecht.
Sorry. Mitgefühl hat keine Angst.

Es geht einfach los,
in einem Paar fremden Schuhen.
Seht, was eine andere sieht.
Fühlt, was ein anderer fühlt.
Wünscht, was eine andere wünscht.
Geh mit.

PS: Meinen Schuh ziehe ich mir später auch wieder
selber an.

„Das ist wieder typisch!", denken Sie, wenn
der Partner, der Chef, die Kollegin wieder
einmal genau so reagiert, wie Sie es erwartet haben. Bevor Sie erwidern, versuchen
Sie, sich in Ihr Gegenüber hineinzuverset-
zen. Probieren Sie es aus – verändert das
etwas an Ihrer Kommunikation?

ECHTE SAMARITER SIEHT MAN SELTEN

Er hatte es doch so eilig! Und jetzt schon wieder eine blöde Baustelle in diesem Kaff! Während Jan Zipfel langsam mit seinem Auto durch die Dorfstraße tuckerte, registrierte er, dass da kurz vor den rot-weiß-gestreiften Absperrgittern jemand auf dem Gehweg lag. Aussteigen, gucken, helfen? Unmöglich! Die Kirchenvorstandssitzung lief schon seit zehn Minuten. Und gleich der zweite Tagesordnungspunkt war sein Thema: „Öffentlichkeitsarbeit der Gemeinde. Wie zeigen wir uns am besten den Kirchenfernen?" Er musste jetzt aufs Gas drücken! Außerdem: Irgendwer wird schon helfen. Und wahrscheinlich ist ja auch schon der Notarzt alarmiert.

Jetzt war Zipfel auf der Höhe des am Boden liegenden Menschen. Ein Mann. Nicht mehr der Allerjüngste. Er bewegte sein linkes Bein und die Arme. Also noch am Leben. Wahrscheinlich ein Trunkenbold! Kommt immer häufiger vor. Der wird seinen Rausch ausschlafen und dann weitertorkeln. Da muss man doch nicht anhalten, um zu helfen. Vor allem, wenn man sich auf dieser Sitzung zeigen soll. Sonst denken ja die Kolleginnen und Kollegen im Vorstand, man wolle kneifen. Hinter Zipfel fährt eine dieser Freundinnen aus dem Kirchenvorstand.

Auch Dr. Dora Lautleis hat den Mann liegen gesehen. So großen dicken Kerlen, geht es ihr durch den Kopf, helfen Frauen besser nicht. Zu gefährlich. Und wenn der Zipfel, dessen Auto sie kennt, nicht stoppt, obwohl er Arzt ist, warum dann ich? Ich muss ja nicht ständig meine Hilfsbereitschaft zeigen, nur weil ich Theologin bin. Wird schon gut gehen. Und in der Sitzung hoffentlich auch.

„Au Scheiße!", bricht es aus Demir, als er den Kerl liegen sieht. Er fährt rechts ran, steigt unter dem lauten Gehupe des nachfolgenden Autos aus und beugt sich über den Mann am Boden. „Hallo! Hörst du mich?" – „Ja", stöhnt der Angesprochene. – „Hast du Schmerzen?" – „Mhm. Keine Luft mehr. Heeeeerz …", ächzt der Mann. Demir nimmt sein Handy und ruft die 112 an.

Bis zehn Minuten später die Sanitäter anfahren, kontrolliert er den Puls des Kranken und wischt ihm mehrfach den Schweiß von der Stirn. Er hilft den Rettungsleuten, den Kerl auf die Bahre und in den Krankenwagen zu bugsieren. Bevor das Team abfährt, sagt Demir: „Wenn es Probleme gibt, sie haben meine Handynummer. Kann ihnen auch Kopie meiner Kreditkarte mitgeben. Und heute Abend rufe ich mal an, um zu wissen, ob sie Angehörige gefunden haben."

„Schräger Typ", sagt Sanitäter Rolf zu Kollegen Fritz. Fritz nickt: „Schräg, aber hilfsbereit. Hat nicht gekniffen, wie die anderen, die vor ihm schon an dem Kerl vorbeigefahren sind."

Als Josef Meier am nächsten Morgen auf der Intensivstation zu Bewusstsein kommt, erzählt ihm die Ärztin, dass er ziemliches Glück gehabt habe. Seine Herzattacke hätte

gut und gerne tödlich ausgehen können, „wenn Ihnen dieser Mann nicht geholfen und uns angerufen hätte." Meier
ist überrascht. Erst vor einer Woche sei er bei seinem Haus-
arzt Dr. Zipfel gewesen, der ihn wegen seiner bekannten
Herzprobleme durchgecheckt hätte. „Alles okay", hat er
gesagt, „und jetzt das! Können Sie Dr. Zipfel verständigen?
Und diesen Demir rufen Sie bitte an. Ich möchte wissen, wo
ich ihn finden kann, um mich zu bedanken." – Die Ärztin:
„Ein echter Samariter. Sieht man leider eher selten."
Arnd Brummer

Wann sind Sie zum letzten Mal „vorbeigefahren" an jemandem, der vielleicht
Ihre Hilfe gebraucht hätte?

GOTT KÜSSEN

neulich
küsste ich gott

steckte ihm
einige groschen
für ein paar zigaretten zu

wischte ihm
die tränen
aus den augen

besuchte ihn
im krankenhaus

schenkte ihm
eine scheibe brot
für seinen knurrenden magen

lud ihn
in mein zimmer ein
auf eine tasse tee

Siegfried Eckert

Zeig deine
Liebe

3

Zeig deine Liebe

Susanne Breit-Keßler

BIBLISCHE MINIATUR
ZU MK 14, 3–9

Abendessen unter Freunden. Die Männer wollen eigentlich unter sich sein, aber da kommt eine Frau herein. Sie öffnet eine Flasche sündhaft teuren Parfümöls, gießt es auf Jesu Kopf und massiert es ein. Seine Freunde sind pikiert: Gigantische Verschwendung! Anstößig. Großer Gott – und noch dazu ist die Dame eine stadtbekannte Liebesdienerin.

Jesus müsste sie nun wirklich auf die Plätze verweisen und die sind für diese Art Frauen ganz, ganz unten. Eine, die sich für Sex bezahlen lässt, pfui Teufel. Heilig und schmutzig, das geht doch nicht zusammen. Wo käme man denn da hin? Gute Frage. Der Himmlische und die so gänzlich Irdische – da sei Gott vor. Ist er aber nicht.

Er hat sogar noch einen Spruch drauf, der die Jünger vorführt. „Ihre vielen Sünden sind vergeben, denn sie hat viel geliebt; wem aber wenig vergeben wird, der liebt wenig." (Lk 7,47) Peng. Jetzt haben sie ordentlich Stoff zum Grübeln. Es gibt die Sorge, zu viel von sich herzugeben. Sie verhindert, dass man Fehler macht – aber halt auch, dass die Liebe Raum hat.

Die Jünger, die Gastgeber des Abends, haben sich alle *comme il faut* so verhalten, wie es erwartbar ist. In diesen Grenzen haben sie Jesus Anerkennung und Respekt gezollt. Aber wahre Liebe ist nicht einfach zu zügeln, zu disziplinieren. Sie ist überbordend, überschäumend, manchmal ein bisschen verrückt.

> **Wahre Liebe ist überbordend und manchmal ein bisschen verrückt.**

Natürlich geht es nicht darum, durchzuknallen und ohne Sinn und Verstand draufloszulieben, rücksichtslos, alle Hemmungen über Bord werfend. Die Frau mit dem kostbaren indischen Nardenöl hat auf ihren Liebesbeweis gespart, hat dafür gearbeitet und überlegt, wie sie zu Jesus gelangen könnte. Und sie hat ihn nicht für ihre Zwecke missbraucht.

Wenige Zeit später wird der gesalbte Leib gefangen genommen, brutal gefoltert und ans Kreuz gehängt. Die Liebe, die diese Frau zeigt, weiß um den Tod, um die Vergänglichkeit. Sie hat eine Tiefe, die fernab einer aberwitzigen „amour fou" den würdigt und ehrt, dem sie zuteilwird. Jesus spürt diese Dimension der Zuneigung.

Wer wirklich liebt, gibt alles, verschenkt, verströmt sich. Zurückhaltung bewahrt einen vielleicht vor Fehlern und Peinlichkeiten, aber auch davor, Zeit zur Zärtlichkeit zu haben. Hingabe wird nur dann gefährlich, wenn man sich aufgibt. Wahre Hingabe bedeutet, zu sich selbst bereichert zurückzukehren, gerade weil man sich im anderen verloren hat.

Geradezu selig wäre eine Gesellschaft, die Liebe kultiviert, statt Zuwendung im Minutentakt abzurechnen. Was sich wirklich lohnt, ist liebevolle Verschwendung. Jeder Augenblick an Zärtlichkeit wird kostbar dadurch, dass die Zeit, die Menschen miteinander haben, begrenzt ist. Deshalb ist unendlich wertvoll, was sie füreinander tun.

Die Frau, die Jesus salbt, hat sein Ende schon vor Augen und will ihm doch die Gegenwart verschönern, ihm zeigen, wie ihre Liebe aussieht. Es ist noch Zeit. Zeit, um zärtlich, fürsorglich und ein bisschen verrückt zu sein. Um die eigene Liebe zu zeigen. Es ist Zeit zu leben. Solange noch Zeit ist.

OHNE JEDES FALSCH

Diesen kleinen Moment mag sie. Früh morgens, wenn der Kaffee gerade durch die Maschine läuft. Wenn die Familie noch schläft. Sie schon angezogen dasitzt und noch einmal durchatmet, bevor sie die Kleinen wecken geht und der Stress beginnt. Wenn der Mann im Bad ist. Vor allem, wenn er singt. Dafür liebt sie ihn. Dann reißt sie noch eben das Kalenderblatt ab und liest. Manchmal herrlich skurrile Geschichten. Es geht immer um Gedenktage, mal um interessante und mal um schräge. Internationaler Katzentag, der Weltmusiktag oder der Tag der seltenen Erkrankungen. Das ist immer ein kleiner Ausflug für den Kopf.

Sie dreht den Zettel in ihrer Hand. Internationaler Hurentag. In ihr gefriert es. „Kleine Hure" hatte er sie immer genannt, der „liebe Onkel Hans". Er war oft zu Besuch. Brachte schöne Geschenke mit. Vor allem für sie, die Kleine, die er so liebte. Sie hasst die Erinnerung. Viele Jahre hatte sie gebraucht, sich all das aus den Rippen zu schwitzen. Mühsame Therapien. Aber immer tauchten die Bilder auf. Die Gerüche. Der Schweiß, wenn er sich an ihr zu schaffen machte. Dass das nicht endlich aufhören kann. Sie steht auf, holt sich den Kaffee. „Meine kleine Hure". Was für ein ätzender Spruch. Als wenn je ein Mädchen das freiwillig tun würde.

Lange hatte sie geglaubt, dass mit ihr etwas nicht in Ordnung sei. Dass alle richtig sind, nur sie irgendwie ver-

klemmt. *Keinen Jungen konnte sie an sich heranlassen, später keinen Mann. Flirten ging. Aber kam ihr einer zu nahe, stieg sie aus. Aus ihrem Körper. Die Angst trieb sie hinaus.*

Sie trinkt einen Schluck Kaffee. Die warme Tasse in beiden Händen. Ihr war immer kalt. Jahrelang hatte es gedauert, bis sie gemerkt hat, dass man es zumindest einmal probieren kann. Das mit der Wärme. Das mit der Liebe. Das mit den Männern. Wobei: Die Männer haben ihre Angst nicht verstanden. Und wohl auch nicht verstehen können.

„Herr im Himmel. Bitte schicke mir den Richtigen." Wie viele Versuche hatte sie gemacht? 15? 20? Sie hat nicht mehr mitgezählt. Eine Therapeutin begleitete sie behutsam ins Leben. Schenkte ihr ein Bild. Du, dein Mann, dein Kind auf deinem Arm. Und du als glückliche Mutter. Sie war damals 30 und weit davon entfernt. Aber es kam. Genau so. Nicht ohne Angst, nicht ohne Mühe. Aber kam.

Jetzt schlafen oben die beiden Kinder. Der süße Blondschopf und die stille Marie. So ein Glück. Und einen Mann gibt es auch. Und er ist gut zu ihr. Braucht viel Geduld. Und hat sie.

Noch ein Schluck Kaffee. Gleich geht sie sie wecken. Sie hat es gelernt, sich ihr Leben anzusehen, wie ein Gemälde. Davorzustehen und zu sagen: So ist es. Nicht besser, nicht schlechter. Eben so. Und sie hat gelernt, dem Leben zu trauen. Und dem Lebendigen. Der Lebendige gibt niemanden auf. Seine Energie ist immer neu. Er kann einem toten Ast neues Leben einhauchen, kann sich aus Steinen Kinder er-

wecken. Sie war wie ein Stein. Fest und unnahbar. Wie ein Eisblock. Und ER hat sie aufgetaut. Zentimeter für Zentimeter.

Viel Hilfe hat sie gebraucht. Und bekommen. Die einen haben mit ihr geatmet, andere die Haut weich geknetet, ein dritter das Tanzen wieder beigebracht. Leben geht. Und sei es in kleinen Schritten.

Einmal, es war während eines Italienurlaubs, da hat sie in der Sonne gesessen und zum ersten Mal in ihrem Leben die Wärme auf ihrer Haut genossen. Sie hat sich ausgeliefert und hingebrezelt und Glück gefühlt. Gott ist die Sonne, die uns Licht und Leben gibt. ER scheint und macht uns warm. Dann ahnen wir das Größere. Gott ist die Liebe.

Wie alt muss man werden, um der Liebe endlich über den Weg zu trauen?

Zwischendrin wollte sie Hans besuchen, ihm die Finger abschneiden. Und sein fürchterlich gefährliches Gemächt. Sie hat verzichtet. „Die Rache ist mein, spricht Gott." Dass dieser Gott am Ende der Zeit richten wird, war für sie lange Zeit der entscheidende Trost. Dann hatte sie mit der Anwältin gesprochen. Und das tat gut. Es wuchs langsam die Hoffnung, dass irdisches Recht dem himmlischen nicht gegenüberstehen muss. Dass auch hier und heute der Gerechtigkeit zumindest die Tür geöffnet werden kann. Kurz vor Ablauf der Verjährungsfrist.

Lange hat sie mit sich gerungen. All der Schmerz, den ein Prozess für sie bedeuten würde. Der Familienskandal.

Es kamen die Verhandlungen, es kamen Details ans Licht, es kamen klare Worte des Richters. Was für eine Erlösung. Dann die Verurteilung: Haft. Wenn auch nicht lange genug für ihr Empfinden. Aber immerhin.

Sie lehnt sich zurück und atmet durch. Die warme Tasse in der Hand. Das Radio dudelt. Doch, sie hat etwas geschafft. Sie hat sich nicht brechen lassen. Das Aufrechtgehen muss sie noch üben. Aber sie übt auch. Ein tiefer Seufzer kommt aus dem Bauch.

Mittlerweile ist „er" ein alter Mann, gebrechlich, leicht dement. Manchmal hat sie Mitleid. Sicher hat er die Liebe nie erfahren. Die reine, die selbstlose, die leichte und schöne. Sie hat. Was für ein Glück! Es war ihr vergönnt. Und das Leben ist wahrlich noch nicht zu Ende. Wer weiß, was noch alles kommt.

Sie durfte endlich wachsen. Schön werden. Frau sein. Lieben. Aufrichtig und ohne jedes Falsch.

Allerhöchste Zeit, wecken zu gehen. Als sie aufsteht, weiß sie: Dies ist mein Leben. Reich und wundervoll, kantig und merkwürdig. Aber es ist. Danke, Lebendiger!

Ulrike Greim

Zeig deine Liebe – konkret
Beate Hofmann

Der ganze Laden duftet köstlich nach Bergamotte, Citrusaroma, Lavendel und Kakaobutter. In wunderschön dekorierten Weidenkörben finde ich, was wir suchen: die wohlriechende, herzförmig gepresste Massage-Essenz. Zugegeben, das Stück ist nicht billig, aber wir wissen, welche Wohltat eine Fußmassage bei schöner Musik mit genau diesem Massage-Herz für uns ist. Meine älteste Tochter ist zu Besuch und wir freuen uns auf unser Massage-Ritual, was herrlich entspannend und leider recht selten ist. Sich die Füße zu massieren, dabei zur Ruhe kommen, die To-do-Liste im Kopf loslassen, der Musik lauschen, den Duft einatmen und sich rundum geborgen fühlen – das ist pure Liebe zu sich und zum anderen. Woran denken Sie, wenn es darum geht, Liebe zu zeigen?

Ist es die Achtung vor einem dementen alten Menschen, ist es der hemdsärmelige Beistand bei der Reifenpanne am Fahrbahnrand, der Kuss des Liebsten, die feste Umarmung, die dem Schulanfänger Mut macht, die Bereitschaft ein Tier zu pflegen oder die behutsame Weise mit der ein Vater sein Baby auf den Arm nimmt?

Liebe ist das höchste Gefühl, durch das wir uns vollkommen lebendig fühlen – vielleicht die wichtigste emotionale Erfahrung. So sieht es die Psychologin Barbara Fredrickson, die an der Universität von North Carolina forscht. Ihr Buch mit dem Titel „Die Macht der Liebe" wurde 2014 ein Bestseller und es wirft ein neues, ein anderes Licht auf das Thema, was uns Menschen seit Urzeiten umtreibt.

Für die Forscherin ist Liebe eine Folge von kleinsten, sich wiederholenden Mikromomenten der Wärme und Verbundenheit mit sich selbst und mit anderen Menschen. Das hat erstmal nichts mit Sexualität zu tun und ist ein Ausdruck von Verbundenheit jenseits von Partnerschaft oder Verwandtschaft.

Diese kleinsten Momente haben eine große Wirkung. Sie setzen gute, wohltuende Emotionen frei, die uns aufladen mit innerer Kraft und eine Voraussetzung bieten für Lebensenergie und Tatkraft.

Voraussetzung, um solche Momente der Verbundenheit mit anderen zu erleben ist eine sensible Wahrnehmung. Wer Gefühle wie Verbundenheit, Freude, Staunen, Dankbarkeit oder Neugier bewusst erlebt, wird in der Folge gelassener, weniger stressanfällig und offener für das, was ihm begegnet. Liebe wurzelt in Selbstannahme, Selbsterkenntnis, Selbstliebe. »Liebe den Herrn, deinen Gott, von ganzem Herzen und ganzer Seele und liebe deinen Nächsten wie dich selbst«, heißt es im Matthäus-Evangelium. Ich erlebe mitunter, dass sich Menschen dadurch bestätigt fühlen, sich im Namen Gottes für andere aufzuopfern und eigene Grenzen, Kräfte oder Möglichkeiten zu ignorieren. Dabei übersehen sie, dass sie Zeit und Liebe für sich selbst brauchen. Das ist nicht selbstsüchtig, sondern klug. Denn nur, wer sich selbst liebt und wertschätzt, wird anderen langfristig auf liebevolle Weise begegnen. Der Glaube, von Gott geliebt zu sein ist Quelle für eine Liebe, die sich von innen nach außen wendet und sichtbar wird.

Wenn ich die Erzählung der salbenden Wohltäterin aus Markus 14 mit diesem Wissen anschaue, werde ich neugierig auf die Frau, welche das kostbare Nardenöl nutzt, um Jesus zu salben. Was mag sie erlebt haben? Und ich frage mich, welche Erfahrungen uns heute befähigen, über das Gewöhnliche hinauszuwachsen und unsere Liebe vielfältig zu zeigen.

Drei Coaching-Tipps, um der Liebe neu auf die Spur zu kommen und sie zu zeigen:

• Liebe fängt bei der Sprache an. Achten Sie auf Ihre Worte. Formulieren Sie wertschätzend und klar. Meiden Sie Verallgemeinerungen wie „immer", „jedes Mal, wenn", „nie" und werden Sie konkret. Wofür genau sind Sie dankbar? Was konkret stört Sie oder muss verändert werden?

- Begegnen Sie sich selbst morgens sehr bewusst mit einem liebevollen Blick oder einer Geste. Vielleicht gönnen Sie sich noch fünf Minuten im Bett, in denen Sie sich auf den Tag einstimmen, lächeln sich nach dem Zähneputzen im Spiegel aufmunternd zu, gönnen sich eine duftende Tasse Tee oder Kaffee in aller Ruhe und lesen die Tageslosung oder ein Zitat als Kraftquelle.
- Nehmen Sie sich einige Minuten Zeit für ein kreatives Schreib-Experiment und ergänzen Sie die Gedanken im folgenden Text, so dass er für Sie persönlich stimmig ist:

Wenn ich alle Netzwerke dieser Welt hätte
und mein Freundeskreis groß wäre,
und ich hätte die Liebe nicht,
so wäre es nur hohles Geschwätz
und flüchtige Begegnung.

Wenn ich das beste Fachwissen hätte,
voller Eifer arbeitete und neue
Erkenntnisse gewinnen würde
und ich hätte die Liebe nicht,
so wäre es vergebene Mühe.

Wenn ich den tiefsten Glauben hätte,
mich einbringen und engagieren würde
und hätte die Liebe nicht,
so würde ich nur dem inneren Anspruch folgen,
aber die Augen würden nicht funkeln ...

ZU IHREM GEDÄCHTNIS

Als was ist sie, die Frau, die Jesus salbte, im Gedächtnis geblieben? Bestimmt haben Sie Bilder im Kopf. Die Salbung in Bethanien ist ein beliebtes Motiv in der bildenden Kunst und hat von jeher Maler inspiriert. Auffällt, dass diese Jesus salbende Frau immer ausgesprochen erotisch und oft auch lasziv dargestellt ist. Wie kommt es dazu?

Schuld ist der Evangelist Lukas (Lk 7, 36–50), der – anders als seine Evangelistenkollegen – die Salbung nicht im Kontext der Passionsgeschichte erzählt, sondern vorzieht und nicht von einer nicht weiter benannten Frau, sondern von einer „Sünderin" spricht. „Und siehe, eine Frau war in der Stadt, die war eine Sünderin." (Lk 7,37a)

Späteren (männlichen) Auslegern war natürlich gleich klar, dass das Vergehen der Frau im sexuellen Bereich liegen müsse. Ist ja auch interessanter als Steuerhinterziehung oder Betrug. Die bekehrte Sünderin, die domestizierte Hure? Was für ein Traum! Aber zugleich auch eine Demontage der Frau, der Jesus ein Denkmal setzen wollte.

Es ist eine Sonderheit Jesu, dass er, wie wenige progressive Rabbinen seiner Zeit, auch Jüngerinnen zuließ – und damit regelmäßig aneckte. Wenn sich seine Zeitgenossen echauffieren, dass er mit „Zöllnern und Sündern" zu Tisch sitzt (Mt 9,11), trifft das genau diese Praxis. Noch bis ins Hochmittelalter galt eine nicht an einen Mann gebundene, öffentlich wirksame Frau zwangsläufig als Prostituierte.

Insofern verwundert die Interpretation der späteren Ausleger nicht, sie hat jedoch keinen Anlass im Text.

Dass Jesus den Anwesenden (Männern) eine Frau zum Vorbild gibt, ist schon Affront genug. Dazu muss sie keiner Phantasien beflügelnden Tätigkeit nachgehen. Im Gegenteil. Wenn Jesus sagt, dass, „wo das Evangelium gepredigt wird in der ganzen Welt", man sich auch dieser Frau und dessen, „was sie getan hat" erinnern wird, ist es nicht richtig, dass dieses Gedächtnis in Verruf gerät oder ein Geschmäckle bekommt. Diese Deutung ist unzulässig, weil sie Jesu Absicht, dieser Frau ein Denkmal zu setzen, entgegensteht, indem sie die Geschichte in eine andere Richtung lenkt. Dass eine Frau einfach so durch ihr Tun zum Vorbild wird, scheint damals wie heute schwer auszuhalten zu sein.

Christiane Birgden

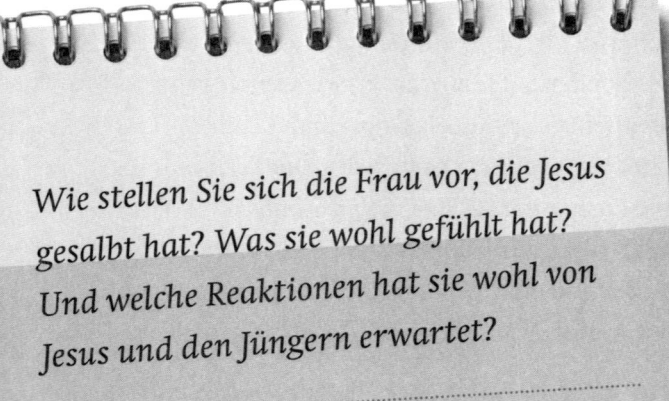

Wie stellen Sie sich die Frau vor, die Jesus gesalbt hat? Was sie wohl gefühlt hat? Und welche Reaktionen hat sie wohl von Jesus und den Jüngern erwartet?

ZEIG DEINE LIEBE

„Zeig Deine Liebe!" Das ist so leicht gesagt. Dabei ist es unglaublich schwer und meist ein Wagnis. Jedenfalls wenn man die eigene Liebe zum ersten Mal zeigt oder bekennt. Denn wer weiß schon, wie die Reaktion des Gegenübers sein wird? Wird die Liebe verstanden und erwidert? Dann wird aus dem Wagnis Glück. Oder wird man stattdessen ausgelacht, vielleicht auch nur zurückgewiesen? Dann bleibt man beschämt und verletzt mit seinen schutzlos ausgebreiteten Gefühlen zurück?

Liebeserklärungen sind deswegen so schwer, weil sie ein Schritt ins völlig Ungewisse sind. Ein Schritt, der Mut erfordert und den man zugleich ganz ohne Rüstung, sehr bloß und verwundbar geht. Umso schwieriger noch, wenn die Liebe nicht im Rahmen der anerkannten Normen ist.

Solch einen tapferen Schritt ins Ungewisse geht die unbekannte Frau aus dem Markus-Evangelium. Sie ist mutig, denn sie bricht gleich mehrere Tabus, um ihre Liebe und Hingabe zu zeigen.

Tabubrüche
Sie geht als fremde Frau in einen Raum, in dem Männer zu Tisch versammelt sind. Schon allein das ist unüblich. Und dann nähert sie sich einem unverheirateten Mann und berührt ihn liebevoll. Das ist mehr als unüblich. Das ist unerhört. Ein doppelter Tabubruch.

Aber damit noch nicht genug. Sie zerbricht ein wertvol-
les Alabastergefäß und gießt Jesus den ganzen kostbaren
Inhalt des Fläschchens über den Kopf. Sie verstreicht das
edle Nardenöl gefühlvoll über sein Haar. Eine Geste voller
Hingabe und Zärtlichkeit.

Unmöglich, bei solch einer Liebkosung nicht die Augen
zu schließen. Zärtliche Hände und geschlossene Augen Jesu
in einem zutiefst entspannten Gesicht. So stelle ich mir die-
sen Moment vor. Ein kurzer Augenblick, in dem die Zeit noch
einmal stillsteht, bevor Jesus auf seinen letzten Weg geht.
Es sind die letzten zärtlichen Berührungen in seinem Leben.
Unmittelbar im Anschluss an diesen Moment verrät Judas
seinen Meister. Die Passionszeit beginnt.

Die Frau, von der wir nicht einmal den Namen kennen,
hat das Gespür für den Kairos, jenen bedeutsamen Moment,
in dem etwas Außergewöhnliches entschieden und getan
werden muss. Der Moment, in dem ein Mensch aus Liebe
über persönliche und gesellschaftliche Grenzen geht, weil es
etwas gibt, das in diesem Augenblick wichtiger ist und das
getan werden muss.

Verschwendung

Als den Jüngern Jesu der Duft des Öls in die Nase steigt,
erkennen sie den Wert und sind empört. Sie beklagen die
Vergeudung des Nardenöls. Ein Jahr lang hätte damals ein
Tagelöhner arbeiten müssen, um das Geld für dieses kleine
Alabasterfläschchen zu verdienen. Eine wahrhaftige Kost-

barkeit, eines Königs würdig. Verströmt für einen kurzen Moment der Zärtlichkeit und des Friedens.

Die Jünger herrschen die Frau darum an. Mit dem Erlös für das Öl hätte man viel Gutes für die Armen tun können. Nun ist es vergossen, verschwendet. Aber Jesus weist die Jünger ab und verteidigt das Tun der Frau. Ihre Verschwendung ist kein Ausdruck von Dekadenz, sondern von Liebe. Sie allein hat den Kairos begriffen, den Moment, in dem der schwere Weg Jesu in den Tod beginnt. Da gelten andere Regeln als im Alltag.

„Luxus" ist ein lateinisches Wort. Es heißt ins Deutsche übersetzt „Verschwendung". Verschwendung hat normalerweise den Klang von „Dekadenz", vom sinnlosen und fast zynischen Verpulvern von Gütern oder Lebensmitteln. Ein Laster, das sich nur sehr reiche Menschen leisten können: Mineralwasser in Flaschen, die mit Glitzersteinchen beklebt sind und bis zu 100 Euro pro Stück kosten – das Wasser darin ist nichts Besonderes. Oder mit Blattgold belegte Eiskugeln in einem Restaurant in Dubai, die 790 Euro pro Stück kosten. Beispiele gibt es genug.

Das sind Formen von Verschwendung, die aus Lieblosigkeit und Langeweile entstehen, dem Grundstoff der Dekadenz. Es gibt aber auch eine völlig andere Form von Verschwendung, von der unser Bibeltext spricht. Man kann aus Liebe und mit Liebe verschwenden. Das ist es, was die Frau mit dem Nardenöl tut. Sie verschwendet zuallererst ihre Liebe, die sie Jesus in einem besonderen Augenblick vollkommen zuwendet. Das kostbare Öl, das sie dazu nimmt, spielt dabei fast eine Nebenrolle.

Sich selbst aus Liebe und mit Liebe verschwenden, ist etwas Wunderbares. Als würde man ein Füllhorn voller Liebe ausschütten: großzügig, bedenkenlos und lustvoll. Phantastisch an diesem Füllhorn ist vor allem, dass es durch das Verschwenden niemals leer wird. Ein beliebtes Zitat von Ricarda Huch lautet: „Liebe ist das einzige, was wächst, indem wir es verschwenden." Es klingt wie eine Binsenweisheit und ist doch tiefe Wahrheit. Eltern zum Beispiel wissen das, die ihr erstes Kind voller Hingabe lieben. Das ganze Füllhorn voller Liebe wird ausgeschüttet. Wenn dann das zweite oder dritte Kind kommt, multipliziert sich die Liebe, sie wird nicht weniger. Das ist ihr ureigenstes Wesen.

Das Beste kommt zum Schluss
Und das Beste kommt zum Schluss: Liebe zu verschwenden, macht glücklich. Auch die Verschwender. Es macht einen glücklich, weil man auch selbst von dieser Liebe erfüllt wird, die man weitergibt.

Der erste Schritt ist immer ein Wagnis. Nichts für Feiglinge. Wie bei der Frau im Markus-Evangelium, als sie den Raum betritt. Aber dann kommt der „Luxus". Die pure, rücksichtslose, wundervolle Verschwendung des Besten und Kostbarsten, was wir haben und geben können: Liebe.

Jeanette Querfurth

LIEBE RECHNET NICHT

I. Die Kraft der Zuwendung
Freitagabend in der schon zweiten Klinik in dieser Woche:
Die Diagnose steht. Nach fast einer Woche Untersuchungen
und Stochern im Nebel der Symptome hat nun am Nach-
mittag der eine Arzt ausführlich mit mir geredet. Und mir
auf den Kopf zugesagt hat: „Merken Sie nicht, dass Sie nicht
mehr richtig denken und sprechen können?" Ein Schock.
Ja, er hat recht. Dann erst, nach dem ausführlichen Ge-
spräch, folgten weitere Untersuchungen. Danach kommt
der Assistenzarzt und teilt mir die Diagnose mit: Merin-
gitis. Er macht mir Mut. Aber ich spüre, es ist ernst. Sein
Chef, der Arzt vom Nachmittag, hatte sich bereits ins Wo-
chenende verabschiedet. Doch nun steht er überraschend
im Untersuchungszimmer an meinem Bett. „Ich wollte noch
einmal selbst mit Ihnen sprechen. Es ist ernst. Wir versu-
chen, Ihnen zu helfen." Und dann nimmt er mein Bett und
schiebt mich höchstpersönlich durch die Klinikflure; küm-
mert sich darum, dass ich gut auf Station ankomme. Ver-
mittelt mir: Wir bleiben an Ihrer Seite. Diese Nähe hat mich
durch die schweren Wochen getragen. Wie wohl hat mir
diese Zuwendung getan. Und Kraft gegeben.

II. Eine bewundernswerte Frau
Liebe rechnet nicht. Liebe fließt über. Liebe fragt nicht: Wo-
zu ist das nützlich? Liebe ist immer auch Verschwendung.

Aber einfach hat sie es nicht, unsere Liebe. Sie muss sich erst durchsetzen. Gegen Konventionen. Gegen Gewohnheiten.

Ich bewundere die namenlose Frau in Bethanien. Sie lässt ihre Intuition sprechen und stößt sich weder an Konventionen noch an Einwänden der anwesenden Männer. Denn wer kostbares Öl hat, der wird es am Tempel verzehntet haben. Und der verpflichtet sich, mit dem eigenen Reichtum zur Armenversorgung beizutragen. Doch die Frau verschwendet das teure Öl, gießt es in Jesu Haare. Woher nimmt sie den Mut? Woher kennt sie den Ernst der Stunde? Sie vertraut angesichts des bevorstehenden Todes Jesu auf die Kraft der Liebe. Damit kann sie Jesus nicht retten, aber sie lässt ihn Nähe spüren, hautnah noch eine Wohltat für den Körper, der bald gemartert und geschunden wird, eine Wohltat für den ganzen Menschen. Sie weiß um die Pflicht, für Arme zu sorgen. Sie sieht, wie bedürftig Jesus ist. So gibt sie seinem Passionsweg einen Hauch Hoffnung.

III. Zur Liebe befähigt
Bin ich zu solch einer Liebe fähig? Zu einer, die alles wagt?

Ich will das Tun der Frau aus Bethanien nicht imitieren. Aber ich möchte von ihrer Haltung, ihrem Vertrauen in ihre Intuition, ihrer Lebenszugewandtheit lernen. Ich möchte sensibel bleiben für jene Stunden, in denen die verschwenderische Liebe ihre Zeit hat. Ich möchte die Augenblicke nutzen, in denen nichts wichtiger ist als sie.

Ilse Junkermann

Mehr als Sonnenuntergänge
Susanne Niemeyer

„Meine Liebe", sagte Gott, als er die Liebe schuf, „du bist für die Traumprinzen, für die Menschen- und auch für die Katzenbabies da und für die angesagten Popbands noch dazu."

„Nee", sagte die Liebe, „schönen Dank auch. Das klingt ja sehr nett, ist mir aber zu eintönig. Ich will für alle da sein."

Gott runzelte die Stirn. „Damit machst du dir weniger Freunde."

„Kann schon sein", sagte die Liebe, „aber das macht nichts. Ich bin stark." Und das war sie. „Ich bin auch für die Halsabschneider da und für die pickligen kleinen Jungs von nebenan."

Die traut sich was, dachte Gott und das gefiel ihm. Er nutzte die Gunst der Stunde: „Dann musst du auch die Zecken nehmen." Er ahnte schon, dass sie wenig Freunde haben würden.

„Warum nicht", sagte die Liebe. Sie hatte wirklich ein weites Herz.

Eigentlich hatte Gott bei der Liebe an etwas Zartes und Romantisches gedacht, an Sorglosigkeit und Sonnenuntergänge. Diese hier war ganz anders. Sie war kräftig und wild. Sie schien vor nichts zurückzuschrecken und es mit allen aufzunehmen.

„Sonnenuntergänge kann jeder. Ich gehe auch in den Regen. Tschö", sagte sie dann und brach auf. „Du weißt, wo du mich findest."

Wo finden Sie Liebe in Ihrem Leben?

*Zeig deine
Fehlbarkeit*

4

Zeig deine Fehlbarkeit

Susanne Breit-Keßler

BIBLISCHE MINIATUR
ZU GEN 3,7–11

Die Schlange verführt mit dem Hinweis, welchen Nutzen die Übertretung eines göttlichen Gebotes hätte: Der Zweck heiligt die Mittel. Man preist Vorteile an, Forschungsfortschritt, ein Mehr an Erkenntnis, potenzielle neue Heilungschancen – und unterschlägt bei verlockenden Aussichten unerquickliche Folgen.

Das Reptil startet mit einer prickelnden Frage: „Ja, sollte Gott gesagt haben, ihr sollt nicht essen von allen Bäumen im Garten?" Der Ton dieser Frage lässt aufhorchen. Er vermittelt den Eindruck, Gott sei ein sadistischer Herrscher, der von vornherein den menschlichen Drang nach Erkenntnis, der Willen und Sehnsucht nach Lust und Glück als strafbar ansieht.

Aber – das zeigt die Geschichte: Jeder Mensch ist so frei, sich für oder gegen Gott und seine Gebote zu entscheiden. Das lässt Bewegungsspielraum. Das gibt Freiheit, zu erkennen und zu erforschen, zu lernen und zu lehren, der eigenen Wissbegier Nahrung zu geben – gepaart mit Verantwortung und dem Wissen, dass kein Mensch, weder Frau noch Mann, allwissend ist.

Sprich: Niemals sollten Menschen zu selbstsicher sein, sich für unfehlbar halten. Ihr werdet sein wie Gott – großartig, unfehlbar! Welch herrlicher Gedanke, als männlicher oder weiblicher „Bruce Allmächtig" durchs Leben zu stolpern, nie mehr etwas falsch zu machen und kritisiert zu werden. Kein Bedauern ist notwendig, keine Rücksicht– klappt ja alles.

Selbst Gott sein, statt Geschöpf, selbstherrlich … Alles erkennen, wissen zu wollen und angeblich auch zu können, ist zerstörerisch. Maßstäbe gehen verloren, Grenzen werden überschritten. Was dient mir und meinen Mitmenschen, was nützt anderen Geschöpfen und der Umwelt? Wo bricht individueller Größenwahn durch? Wer verkommt zum bloßen Mitläufer?

Familien, Gesellschaften, Völker, auch Religionen sind voll von „Schlangenmenschen", die dem Gesäusel oder auch dem Gebrülle folgen, wenn es nur davon kündet, dass man selber zu den Herrenmenschen gehört. Es ist so unendlich viel leichter, sich und andere nicht zu hinterfragen, sondern blind dem eigenen Wahn zu folgen. Umkehr ist möglich.

Adam und Eva lernen Gott kennen als einen, der Menschen noch in ihrem größten Aufstand und in ihrem tiefsten Scheitern neue Einsichten schenkt. Wer Verantwortung hat, wird ernst genommen. Er kann seine Sicht der Dinge vortragen und sich zu seinem Versagen bekennen. Nur Barbaren bereuen nicht. Verantwortung ist Zeichen von Würde und Freiheit. Und Fehltritte, die Scham erzeugen, sind letztlich ein Fortschritt.

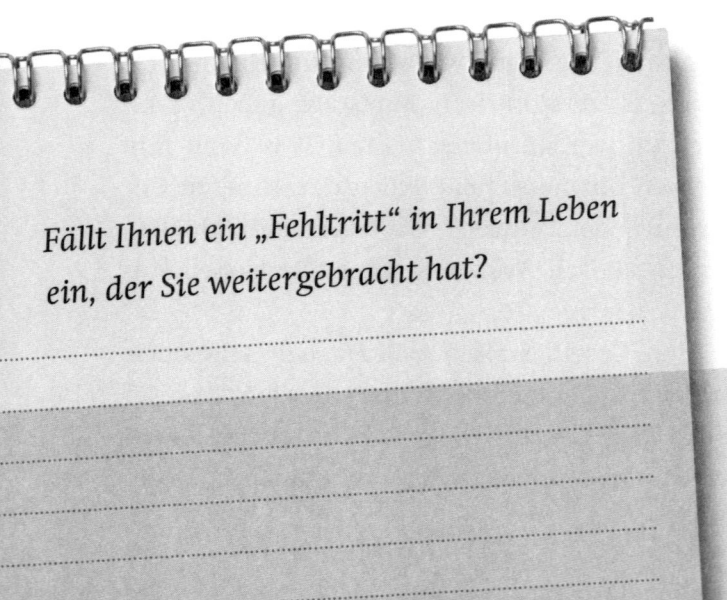

Fällt Ihnen ein „Fehltritt" in Ihrem Leben ein, der Sie weitergebracht hat?

IN DIE SAUNA OHNE FEIGENBLATT

Ich gehe ungern in die Sauna. Hinterher finde ich nie meinen Bademantel wieder und eiskalte Duschen kommen mir immer wie eine körperliche Strafe vor. Aber die beiden unangenehmsten Momente sind das Betreten und das Verlassen dieses kleinen tropischen Regenwalds. Denn wenn ich ganz locker und entspannt und nackt an den anderen vorbeihusche, ist es nicht zu übersehen, dass ich eine Schwäche für Hamburger habe und das Tennisspielen vor Jahren eingestellt habe, angeblich nur, weil ich es zeitlich nicht mehr schaffe. Mein Körper zeigt in diesen Momenten in der Sauna nicht nur seine Fehlbarkeit, sondern auch die Fehlbarkeit meiner Lebensführung, und kein Feigenblatt könnte groß genug sein, um das zu verbergen.

Dabei ist kein Körper unfehlbar, nicht einmal die der größten Helden und Götter. Superman windet sich am Boden bei Kryptonit, Achilles ist an seiner Ferse verletzlich, und Siegfried hat diese kleine Stelle auf seinem Rücken, auf die das Blatt gefallen ist, während er im Drachenblut badete. Alle Geschichten machen klar: Du kannst dich noch so bemühen, du kannst dich verstecken hinter Capes und Rüstungen – du wirst immer ein zerbrechlicher, gefährdeter Körper bleiben.

Natürlich geht die Fehlbarkeit von allen Menschen über den Körper hinaus. Fehler passieren die ganze Zeit, vom Verpassen eines Termins über falsche Diagnosen bei einer

Krankheit und das Scheitern einer Beziehung bis hin zum Treibhauseffekt, der unsere Lebensgrundlage gefährdet. Die Fehlbarkeit zeigt sich in allen Bereichen.

Aber die Geschichte der Fehlbarkeit beginnt damit, dass zwei Menschen erkennen, dass ihre Körper nicht so sind, wie sie sein sollten. Sie wollen sich verändern und verbessern – und sie scheitern damit. Heute heißt das Selbstoptimierung und kann alles Mögliche beinhalten, wie Yoga, vegane Ernährung, Extremsport, aber auch technische Verkleidungen wie Autos und Smartphones. All das soll reibungslos funktionieren und es soll uns dabei helfen, reibungslos zu funktionieren. All das soll verkleiden und verbergen, wie schwach und abhängig wir immer bleiben. All das sind unsere Feigenblätter.

Dabei kann es sehr erleichternd sein, nicht unfehlbar sein zu wollen. Die Band Tocotronic hat den wunderbaren Satz gesungen: „Verschwör dich gegen dich und deine Wunden öffnen sich." Und was passiert, wenn die Wunden sich öffnen? Was zeigt sich dann? Ich glaube, dann zeigt sich, wer wir wirklich sind, was uns ausmacht. Wenn wir unsere Fehlbarkeit nicht zeigen, nicht einmal uns selbst, wenn wir sie nicht zulassen, dann verleugnen wir das Beste und das Spannendste und das Menschlichste in uns. Sylvia Plath hat geschrieben: „Perfection is terrible." Und um mich daran zu erinnern, gehe ich eben doch manchmal in die Sauna. Ohne Feigenblatt.

Christian Engels

DER ERSTE SCHRITT

*Adam versteckte sich mit seiner Frau vor dem Angesicht
des HERRN. (1 Mos 3,8)*

*„Das habe ich verschuldet. Es tut mir leid. Ich bitte um
Entschuldigung!" Warum fallen uns diese Sätze so schwer?
Beziehungen zwischen Eltern und Kindern, zwischen Männern und Frauen leiden daran, dass wir unsere Schuld
nicht sehen wollen und nicht aussprechen können.*

*Eine der klassischen Geschichten der Weltliteratur ist
die Geschichte von Adam und Eva im Paradies. Der Mann
heißt Adam. „Adam" heißt im Hebräischen „Mensch". Eva
heißt: „Mutter alles Lebendigen." Es gibt keinen Menschen,
der nicht von einer Frau geboren wäre. Die Geschichte
meint nicht irgendeinen Menschen, irgendwann einmal,
sondern sie möchte etwas aussagen über jeden Menschen
zu jeder Zeit und an jedem Ort.*

*Dabei ist deutlich: Es gibt das Böse, das Abgründige,
das Dunkle. Als Erbsünde bezeichnet die christliche Theologie die Tatsache, dass kein Mensch ohne Sünde ist.*

*Der Mensch hat sich gegen Gott aufgelehnt. Nicht Gott
soll sein Herr sein, sondern er will sein eigener Herr und
Gott sein. Der Mensch will nicht Gottes guten Willen für
sich akzeptieren, sondern seinen eigenen Willen durchsetzen. Das ist die Sünde. Durch sie ist die Gemeinschaft, die
Gott angeboten hat, zerbrochen, zerstört. Aber auch die
Gemeinschaft der Menschen untereinander ist gestört.*

Weil die Gemeinschaft mit Gott gestört ist, geraten auch unsere menschlichen Beziehungen aus dem Lot.

Als Folge der Sünde stellt sich Scham ein. Das vor unseren Augen entstehende Bild ist kurios: Da hocken Adam und Eva wie zwei Kumpanen im Gebüsch und verstecken sich vor dem Angesicht Gottes.

Scham ist ein Indikator dafür, dass etwas nicht stimmt. Sie führt dazu, dass der Mensch nicht zu seiner Schuld stehen kann, sondern sich vor Gott versteckt und Ausflüchte sucht.

Welch ein Szenenwechsel! Gerade noch die schamlose Freude von Mann und Frau aneinander (vgl. 1 Mos 2,25) – nun die sich vor Scham verzehrende Furcht voreinander und vor Gott. So kann Schuld Beziehungen von Grund auf ändern! Gott stellt den Menschen zur Rede, doch der verweist auf seine Frau, die Gott ihm ja schließlich gegeben habe. Schuld ist also nicht Adam, sondern Eva, eigentlich sogar Gott: „Du hast sie mir gegeben, also bist du schuld! Wie konntest du mir überhaupt die Frau geben? Du hättest dir doch denken können, dass das schiefgeht!" Die Frau wiederum verweist auf die Schlange.

Jeder kennt solche Dialoge. „Ich bin nicht schuld, du bist schuld!" Wie ein Drama, das immer wieder aufgeführt wird.

Die zwei Möglichkeiten, wie Menschen versuchen, ihre Schuld loszuwerden, sind bis heute die gleichen geblieben. Entweder: Gott ist schuld oder die Verhältnisse! Gott ist schuld, wenn Menschen Kriege anzetteln mit all dem Leid und Unglück, das sie mit sich bringen. Die Frage heißt dann: „Wie kann Gott das zulassen?"

Aber für Auschwitz, für die Kriege auf dieser Welt, auch für die aktuell tobenden in Syrien und im Irak, in der Ukraine, für das Morden in Nigeria oder im Sudan, für all den Unfrieden auf dieser Welt sind wir Menschen verantwortlich. „Was ist mein Anteil am Streit mit dem Nachbarn, an den Problemen am Arbeitsplatz?" Nur wenn wir diese Frage zulassen, kann uns geholfen werden. Wir lassen damit auch unsere Fehlbarkeit zu. Mit der Gewissheit, dass die Fehlbarkeit zum Menschsein gehört, kann manche Situation händelbar werden.

> **Was ist mein Anteil am Streit mit dem Nachbarn oder dem Kollegen?**

Trotzdem bleibt im Blick auf das Leid viel Unerklärbares, Tragisches, Schicksalhaftes. Doch es kommt zuerst darauf an, zu seiner eigenen Schuld zu stehen, sie einzugestehen und sie nicht abzuschieben auf Gott oder auf die Verhältnisse. Während der Mann die Schuld auf Gott abschiebt, bezichtigt die Frau die Verhältnisse: „Die Schlange betrog mich, so dass ich aß! – Was kann ich dazu, dass es im Paradies Schlangen gibt? Die Verhältnisse sind eben so!"

Ja, es gibt Gesellschaftsstrukturen, auch bei uns, die Übertretungen der Gebote Gottes hervorrufen. Aber das ist keine Entschuldigung. *Die Sünde ist unsere freie Tat, nicht die Folge äußerer Zwänge. Wir haben die Sünde gewollt: „Gut zu essen ... Eine Lust für die Augen ... Verlockend, weil sie klug macht ...".* Nicht die anderen, nicht Gott, nicht die Verhältnisse sind schuld, sondern ich. Diese „Haltet den Dieb"-Methode, mit der eigenen Schuld fertig zu werden, ist eines erwachsenen Menschen unwürdig! Dabei wäre das Eingeständnis unserer eigenen Fehlbarkeit der erste Schritt in die Freiheit!

Doch wir spielen dieses Drama, dieses alte Theaterstück immer wieder: „Ich bin nicht schuld, du bist schuld, die Verhältnisse sind Schuld!" – Und Sie und ich, wir spielen mit. Nur einer, der hat nicht mitgespielt. Der Mensch Jesus Christus hat das alte Stück umgeschrieben. Weil er für uns gelitten hat, gestorben und auferstanden ist, können wir aus der Geschichte der Schuldverdrängung aussteigen. Er hat unsere Schuld auf sich genommen, damit wir uns zu unserer Schuld bekennen können. Er hat gesagt: Ich stehe zu dir, damit auch du zum Dunklen in deinem Leben stehen kannst. Haben Sie den Mut und sagen Sie: „Ja, ich war es, ich stehe dazu, ich will mich nicht länger verstecken!"

Die Wirkung wird ungeheuerlich sein: Es wird befreiend sein, Sie finden einen neuen Zugang zu Ihren Mitmenschen. Es wird der erste Schritt, damit Ihre Beziehungen heil werden. Häufig ist es einfacher, zunächst seine Schuld vor Gott zu bekennen, etwa gemeinsam im Vaterunser oder bei der gemeinsamen Beichte oder auch im Beichteinzelgespräch.

So wie das gestörte Verhältnis zu Gott die Wurzel gestörter Beziehungen ist, so macht das Bekenntnis der Sünde vor Gott frei, Schuld auch gegenüber dem Nächsten zu bekennen und damit Beziehungen zu heilen. Das Geheimnis des Menschen liegt darin, dass keiner von uns ohne Schatten ist. Mit diesem Wissen zu leben und es mit Jesus Christus zu teilen, befähigt zu einem: „Ich bin schuld – Entschuldigung!"

Hans-Jürgen Abromeit

Welche Situation fällt Ihnen ein, in der Sie zuletzt spontan Ihre Schuld geleugnet haben?

Zeig deine Fehlbarkeit – konkret

Beate Hofmann

Wie ehrlich sind Sie, wenn es darum geht einen Fehler einzugestehen? Fällt Ihnen das grundsätzlich schwer? Haben Sie schon einmal erlebt, dass es sich gelohnt hat, zu Fehlern zu stehen oder war das eher eine demütigende, unschöne Erfahrung?

Früher wurden Kinder in der Schule oft in die Ecke gestellt, hatten sie sich falsch verhalten. Fehler zu machen ging dann einher mit dem Gefühl nicht mehr dazugehören zu dürfen, ausgeschlossen zu sein. Ich erinnere mich an Klassenarbeiten, die mit vielen roten Anmerkungen versehen waren. Falsch! Fehler! Ungenügend! Wir lernen von klein auf, Fehler zu vermeiden – im Diktat wie im Leben. Als Erwachsene sind wir dann Meister darin, Fehler zu erkennen.

Es gibt einen kleinen Test, den ich manchmal in Seminaren durchführe, um darauf aufmerksam zu machen. Auf einem Blatt stehen zehn gelöste Rechenaufgaben. Eine davon ist nicht korrekt berechnet. Danach gefragt, was ihnen auffällt, sind alle stolz, die einzig falsche Lösung auf dem Blatt entdeckt zu haben. Niemand kommt auf die Idee zu sagen: „Mir fällt auf, dass neun Aufgaben richtig gelöst sind".

Fehler passen nicht in eine Leistungsgesellschaft. Dabei sind sie so normal, dass wir sagen, sie sind menschlich. Kennen Sie jemanden, der ohne einen Fehler durchs Leben kommt? Fehler machen wir alle. Doch eingestehen, einen Fehler gemacht zu haben, das können nur manche Menschen. Dazu gehört nämlich die grundsätzliche Erkenntnis, dass wir durch Fehler lernen können. Sie bringen uns, bei Lichte betrachtet, weiter. Doch unser Suchscheinwerfer gilt nicht dem Fehler an sich, sondern meistens dem Menschen, der dafür verantwortlich ist. Wir stellen die „Wie konnte das passieren?"-Frage statt zu fragen, wozu das gut oder hilfreich sein kann.

> „Auch aus den kuriosesten und spannendsten Fehlern kann mitunter Großartiges entstehen."

Es gibt viele teils amüsante Geschichten über die kuriosesten und spannendsten Fehler, aus denen mitunter etwas Großartiges entstanden ist. Als der Chemiker Spencer Silver 1968 einen neuen Klebstoff entwickeln wollte, war er zuerst enttäuscht, dass eine Substanz entstand, die sich immer wieder ablösen lies. Ein Fehlschlag in Bezug auf den erhofften Superkleber. Doch als sein Kollege Art Fry einige Jahre später, genervt vom stetig verrutschenden Lesezeichen in seinem Gesangbuch das noch im Labor befindliche Haftmittel nutzte, um die Zettel zu fixieren war der erste Schritt getan zu einer berühmten Erfindung: die Haftnotiz. Heute sind Post-it-Blöcke in mehr als 150 Ländern der Welt genutzt und nicht mehr wegzudenken. Wie gut, dass Silver seinem Kollegen von der misslungenen Forschung und der entstandenen Besonderheit erzählt hat.

Gibt es einen Fehler, der sich im Nachhinein nützlich für Sie erwiesen hat? Fehler sind Helfer – das sagt man so schnell. Es sind dieselben Buchstaben, lediglich anders geordnet. Doch dieses Hilfreiche zu entdecken und damit eine neue Fehlerkultur zu etablieren, das ist eine Herausforderung.

Neulich erzählte mir eine junge Frau, sie habe in einem ganz besonderen Tagungshotel gearbeitet, wo man den „Fehler des Monats" prämierte. Auf mein verwundertes Fragen meinte sie, es hätte allen geholfen, Fehler nicht mehr als Schuld, sondern als Erkenntnis zu sehen. Und damit erklärt sich auch die Prämie. Wenn eine Erkenntnis weitere Fehler verhindert, wenn sie hilft, dass man etwas besser machen kann als zuvor, dann zahlt sich das aus ideell und finanziell. Wer Fehler vertuscht, unterbindet jede Lernkultur, Innovation und Fortschritt, sagt Götz Werner, der Gründer der Drogeriemarktkette dm. Was für wirtschaftliche Unternehmen gilt, das gilt erst recht für unsere Schulen, Universitäten und

Familien. Fehler sind schmerzhaft, aber sie bringen uns weiter, sofern wir sie offenlegen. Der einzig wirkliche Fehler wäre es zu glauben, aus Fehlern ließe sich nichts lernen.

Drei Coaching-Tipps, um besser mit Fehlern umzugehen:

• Aus welchem Fehler haben Sie etwas gelernt, wofür Sie heute dankbar sind? Nehmen Sie sich Zeit, Entscheidungen, Beziehungen und Lebenswege unter die Lupe zu nehmen.

• Zeigen Sie sich selbst als fehlbarer, statt als perfekter Mensch – egal, ob im Beruf oder im privaten Leben. Trauen Sie sich, Fehler zu erzählen und am besten auch noch hinzuzufügen, ob Sie daraus etwas für sich lernen konnten. Alternativ fragen Sie um Rat, was andere in Ihrer Situation tun würden.

• Reagieren Sie nicht sofort abweisend oder genervt, sofern Sie jemand auf einen Fehler hinweist. Denken Sie sich, es ist eine Chance, etwas zu lernen und werden Sie durch diese Haltungsänderung innerlich offener für hilfreiche Kritik.

NIEDER MIT DER MASKE

Nur wenn man nichts tut, hat mein alter Chef einmal gesagt, *macht man keine Fehler. Und wer keine Fehler macht, hat nichts, aus dem er lernen kann.* Wir haben unter der Leitung dieses Mannes einen neues Medium entwickelt. Und der jüngste Kollege meldete sich bei der ersten Blattkritik in der Redaktion mit dem Hinweis, die Überschrift des großen Textes auf Seite 6 sei sehr unpräzise. „Und im zweiten Absatz", legte er nach, „wird eine Aussage zitiert, die dringend noch einmal hätte überprüft werden müssen. In einer dpa-Meldung vom selben Tag steht, dass die Frau, die sich da geäußert hat, es ganz anders gemeint hatte." Schweigen in der Kollegenrunde. Dann ergreift der Chef das Wort: „Das war mein Fehler." Die Redakteurinnen und Redakteure mustern weiterhin schweigend ihre Schreibblöcke, die Unterteller ihrer Kaffeetassen, die Knöpfe ihrer Hemden und Blusen, bis der Chef sagt: „Was lernen wir nun gemeinsam aus meinem Fehler?"

Zeig dich, wenn du etwas falsch gemacht hast! In vielen Firmen herrscht ein Klima der Angst und Sorge, dass man sämtliche Karrierechancen einbüßt, wenn erkennbar wird, dass man „Mist gebaut" hat. Und dies beginnt in den sogenannten Chefetagen. Oft sind es Ratgeber, auf deren Empfehlungen die Fehlentscheidungen getroffen wurden. Nicht alle von ihnen sind teuflische Schlangen. Sie zu befragen, warum sie diesen oder jenen Tipp gegeben haben, müsste *auch in deren eigenem Interesse sein. Vielleicht können sie ihren Ratschlag ja ganz gut begründen. Oder sie können danke sagen. „Danke, jetzt verstehen wir besser, wie und warum ihr in dieser Branche so handeln müsst."*

Zu erkennen, dass man nackt und bloß vor einem anderen steht, gar noch vor einem Chef oder einem zahlenden Kunden, ist keine angenehme Erfahrung. Offen und mutig zu sein, wird in den meisten Fällen jedoch eher zu einer Stärkung der persönlichen Beziehungen beitragen als zum Gegenteil. Aus Angst wächst Verlogenheit. Man versucht, eine Maske aufzusetzen. Und das empfinden die Leute — außer im Karneval — als nicht unbedingt vertrauenerweckend. Sie haben lieber nackte Wahrheit.

Gestern stand ich in einer Bäckerei. Ein junger Mann vor mir sprach den Bäcker an: „Ich wollte gestern drei Vollkornbrötchen. Ihre Verkäuferin hat mir aber Mohnbrötchen eingepackt. Die mögen meine Freundin und ich nicht so gerne." Der Bäcker: „Haben Sie den Kassenzettel dabei? Dann kann ich Ihnen das Geld zurückerstatten." Der Käufer schüttelte traurig den Kopf. Was den Mann hinter der Theke jedoch nicht weiter zu beirren schien. „Macht nix. Nehmen Sie heute einfach die drei Dinger gratis mit. Tut uns leid! Guten Appetit und einen schönen Tag." In diesem Laden werde ich weiterhin einkaufen.

Arnd Brummer

SEHEN UND GESEHEN WERDEN

Nur der Mensch, so sagen es Biologen, sieht, dass er beim Sehen gesehen wird. Denn menschliche Augen sind mandelförmig und nicht rund wie bei den meisten anderen Tieren. Zudem hebt sich die Pupille – anders als zum Beispiel bei den sogenannten Menschaffen – gut von der weißen Augenhaut ab. So wissen wir auf den ersten Blick, wohin unsere Mitmenschen schauen – und sie wissen es von uns.

Menschen sehen, dass sie gesehen werden. Und mehr noch: Sie wissen, dass sie gesehen werden.

Dieses Wissen um den Blick der anderen – so die Forscher – hilft uns dabei, untereinander besser, leichter und schneller zu kooperieren als die meisten anderen Lebewesen. Menschen verstehen einander eben nicht blind, sondern sehend.

„Auf einen Blick" können wir uns verständigen; erkennen, was unsere Nächsten im Blick haben – und eine gemeinsame Sache ins Auge fassen. Allerdings macht uns dieses Sehen und Gesehen-Werden auch zu Wesen, die sich nach nichts mehr sehnen als nach dem Ansehen anderer und die den Blick der anderen doch zugleich auch fürchten.

„Und sie erkannten, dass sie nackt waren", so erzählt die Bibel von diesem Grundgefühl des Gesehenseins und von der Angst, der Ahnung, der Gewissheit, dem fremden Blick nicht zu genügen.

In die Welt kam dieses Gefühl des Zuwenig ausgerechnet

durch den Wunsch nach mehr, so wird es in der Urgeschichte der Bibel erzählt. Von allen Bäumen des Gartens — so heißt es da — war ihnen erlaubt, die Früchte zu essen. Nur von einem nicht.

„Und das soll schon alles sein? Aber wieso denn dann nicht auch noch die eine, die letzte und bestimmt die beste ... Nein, weniger kann nicht genug sein!"

Die Güte und Schönheit der ganzen Schöpfung, — so heißt es — war ihnen geschenkt, die Gabe der Sprache, das Hören und Reden, das Fragen und Antworten, die Freundschaft der Tiere war ihnen geschenkt, und das Geheimnis der Liebe, der offene Blick, die Vertrautheit der Körper war ihnen gegeben und in all dem die selbstverständliche Nähe Gottes. „Und das soll schon alles sein? Aber dann doch wohl bitte schön auch noch das eine, das größte, das beste, das „Wie Gott-Sein" — weniger wäre nichts!"

Welch bittere Ironie! Das ewige Versteckspiel unserer Schwächen und Mängel, die dauernden Selbstüberforderungen; das tiefe Gefühl, wie nackt dazustehen unter dem unbarmherzigen Blick; die schamhafte Ahnung, nicht zu genügen — weder in den Augen der anderen noch vor den eigenen Ansprüchen: Das alles entsteht gerade durch den dauernden Versuch, grundsätzlich mehr und anders sein zu wollen als man ist.

Und welch tiefe Weisheit! Denn wenn das Verhängnis in dem buchstäblich verzweifelten Versuch liegt, immer mehr sein und immer mehr haben zu wollen, dann liegt auf dem Wenigerhaben und Wenigersein – wie es in der Fastenzeit eingeübt wird – eine große Verheißung.

„Wir sollen Menschen und nicht Gott sein", denn „selbst Gott zu sein ... das bekommt uns nicht" so ermahnt Martin Luther einen Freund, der meinte, immer noch mehr tun und immer noch mehr Verantwortung auf sich laden zu müssen.

Hier wäre weniger wirklich mehr. Und wir könnten lernen, uns fehlbar und schwach zu zeigen und zugleich wieder Augen dafür zu bekommen, dass wir mehr sind als wir uns und einander ansehen können, weil Gott uns voll Güte ansieht – wie nackt wir auch sein mögen.

Mehr noch, Gott selbst teilt unsere Nacktheit – in der Geburt und im Tod seines Sohnes – und umhüllt uns mit dem Blick seiner Liebe. „Und Gott der Herr machte dem Menschen und seiner Frau Kleidung und zog sie ihnen an." (Gen 3,20)

Annette Kurschus

UNTER DER HAUT

Ich weiß, dass du nackt bist,
und ich bin es auch,
unter meiner Lieblingsjeans,
und dem wollenen Strumpf.
Kein Grund, sich deshalb zu entblößen,
nur gut zu wissen,
dass unter allem Haut ist,
dünne Haut.
Und unter der Haut
eine Schicht Angst,
eine Schicht Wut,
eine Schicht Ekel,
eine Schicht Scham,
eine Schicht Schmerz.
Ich weiß, dass du nackt bist
und ich bin es auch.
Vertriebene sind wir,
aber was,
wenn das Paradies eine von diesen Boutiquen ist,
die nichts Anständiges im Fenster haben
und man weiß nicht, ob sich hineinzugehen lohnt
weil es sein könnte, dass drinnen nichts ist, was
gefällt.
Und dann ist einem das peinlich
und man fühlt sich schuldig,

weil man so wählerisch ist.
Wobei die Schuld ja ganz gut aufgehoben ist
im Paradies,
jedenfalls klassischerweise
und auch die Scham.
Man könnte sie also drinnen lassen
und wieder gehen,
und das Leben
findet draußen statt.
Unvollkommen, aber
so what?

Susanne Niemeyer

Zeig deine
Hoffnung

5

Zeig deine Hoffnung

Susanne Breit-Keßler

BIBLISCHE MINIATUR
ZU MK 10, 46–52

Einer jammert und schreit, weil er sein Leid nicht mehr ertragen kann. Gott, wie peinlich, denken die anderen. Kann er nicht seine Klappe halten? Es berührt unangenehm, wenn jemand so offensiv mit Schmerz umgeht. Aber Bartimäus, der sich nicht mehr ein und aus weiß in seiner Situation, er will sich den Mund nicht mehr verbieten lassen.

Elend kann man nur ändern, wenn man es bekennt und benennt. Wer nichts von sich preisgibt, erhält keine Antwort und keine Hilfe. Wer den Sender wechselt, sobald Menschen in Not gezeigt werden, wird irgendwann gefühlskalt. Wer es lästig findet, dass andere zu Recht klagen, der oder die hat keine Beziehung zur Wirklichkeit, zum anderen.

Bartimäus spürt: Hoffnung kann sich nur erfüllen, wenn man Klage artikuliert und sagt, was man ersehnt. Gott findet das nicht peinlich, sondern richtig bewegend. Er will, dass man ihn angeht. Jesus verlangt geradezu, dass man blind, taub oder unbeweglich zu ihm kommt. Mit allem, was einen auch immer an Leib und Seele plagt, und ihm die Kompetenz des Wunders zuspricht.

Was wäre das auch für ein Gottessohn, dem man nichts zutraut und dem man deswegen auch nichts zumutet … Er könnte sonstwo thronen bleiben und sich anhimmeln lassen. Will er aber nicht. Dieser hier macht sich die Hände dreckig, wirft sich mit seinen Menschen in den Dreck. Ihm graust's vor gar nichts.

Bartimäus wirft sein Gewand von sich. Er macht sich nackig. Wer seine blanke Hoffnung zeigt, demonstriert damit, dass er Gott alles zutraut. Macht klar, dass er ihn als Herrn über das eigene Leben anerkennt und allen Ohrenbläsern und Einflüsterern Adieu sagt. Was willst du, dass ich dir tun soll?

Jesus geriert sich nicht als der, der über Hoffnungen befindet und jovial Karamellen, gleich welcher Art, unters Volk wirft. Er möchte von Bartimäus, er möchte von uns wissen, was wir wollen. Mach' dir klar, Mensch, was du von Gott erwartest. Ist er nur dein religiöses Spielzeug, ein transzendentes Designstück? Oder willst du ihn packen, weil er dich packt?

Wir sind daran gewöhnt, Contenance zu zeigen, beherrscht zu bleiben. Wer das nicht tut, kommt schnell als Schwächling rüber, als einer, der keinen Erfolg generieren kann. Kein Gewinner, sondern ein Loser. Jesus hat andere Werte. Kann sein, dass wir ihm unser Leben viel zu selten schreiend vor die Füße werfen.

„Mach' dir klar, Mensch, was du von Gott erwartest." Was erwarten Sie von Gott?

HOFFNUNG UND ENTTÄUSCHUNG

Wenn wir auf einen anderen hoffen, begegnen wir ihm mit einem Vorschuss an positiven Erwartungen. In unserer Hoffnung nehmen wir vorweg, dass die Erfahrungen, die wir mit dem anderen machen werden, wohl überwiegend erfreulich sein werden. Wenn wir es aufgeben, auf jemanden zu hoffen, ist das meist das Resultat einer Enttäuschung. Dabei ist es normal, dass andere unsere Erwartungen nicht immer erfüllen. Wer hofft, kann enttäuscht werden. Wer aber von vornherein oder allzu schnell sagt: „Ich habe keinerlei Hoffnungen auf den anderen", der nimmt künftige Enttäuschung vorweg und sorgt dafür, sich selbst weiterhin im Zustand des Enttäuschtseins zu halten.

Der blinde Bartimäus im Evangelium hat sicher viele Enttäuschungen erlebt. Doch indem er Jesus nachruft und ihn um Hilfe bittet, lässt er seine Enttäuschungen hinter sich. Er springt gewissermaßen heraus aus der Rolle eines Menschen, der vom Leben schlecht behandelt und enttäuscht ist. Er kann Heilung erfahren.

Ein Gegenbeispiel hat der Psychoanalytiker Paul Watzlawick erzählt. In seinem Buch „Anleitung zum Unglücklichsein" berichtet er von einem Mann, der ein Bild aufhängen will, jedoch keinen Hammer hat, um den Nagel in die Wand zu schlagen. So beschließt er, den Hammer von seinem Nachbar auszuborgen. Doch ihm kommen Zweifel. Vielleicht will der Nachbar ihm den Hammer gar nicht leihen? Und sogleich erinnert er sich, wie der Nachbar ihn gestern nur ganz flüchtig gegrüßt hat. Er mutmaßt, dass der andere vielleicht etwas gegen ihn haben könnte. So steigert sich der Mann in seine Gedanken hinein, bis er hinüberstürmt, klingelt und dem Nachbarn entgegenschleudert: „Behalten Sie Ihren Hammer!"

Es beruht auf einer Projektion, wenn ich positive Erwartungen in einen anderen setze, also hoffe. Doch auch das Nicht-Hoffen, beruht auf einer Projektion, nämlich der Vorwegnahme eines unerfreulichen Verhaltens beim anderen. „Der ist ja sowieso nur auf sich selbst bedacht." „Die Geflüchteten sind doch nur gekommen, um es sich hier gemütlich zu machen". „Die Politiker kümmern sich sowieso nicht um die einfachen Leute". Das sind Sätze, die aus solchen Projektionen entspringen und mich oft genug an die Geschichte von Paul Watzlawick erinnern.

Dabei wäre es viel sinnvoller und hoffnungsvoller, mit positiven Erwartungen an andere durchs Leben zu gehen. Aus Unternehmen wissen wir, dass positive Erwartungen an Mitarbeitende dabei helfen, ihre Kompetenzen und Stärken gezielt zu fördern. Und auch die medizinische Forschung zeigt, dass durch positive Erwartungen nicht nur vermehrt der Botenstoff Dopamin, der gemeinhin als „Glücklichmacher" bekannt ist, ausgeschüttet wird. Positive Erwartungen sollen laut einer Studie sogar die Immunabwehr stärken. Also: ein Plädoyer für die Hoffnung!

Stephan Fritz

96

Zeig deine Hoffnung – konkret
Beate Hofmann

Wir sind schon den ganzen Tag im Kanu unterwegs. Scheinbar endlos schlängelt sich die Schwaanhafel durch die Landschaft. Dichte Büsche und ausladende Farne säumen das Ufer. Es ist eine stille, grüne Wildnis, nur unterbrochen vom Schrei der Reiher oder dem Gackern einiger Enten. Der querliegende bemooste Stamm im Wasser, um den wir vorsichtig herum navigieren, könnte ein Alligator sein, wären wir im Amazonasdelta unterwegs. Wir paddeln schon einige Tage durch den Nationalpark der Müritz. Doch heute ziehen sich die Kilometer, die Sonne brennt und in der schwülheißen Luft plagen uns die Mücken. Meine Stimmung nähert sich dem Tiefpunkt. Wann kommt endlich der offene See und frischer Wind?

Plötzlich schießt uns um die Kurve mit der Strömung ein Kanu entgegen. Auf der Bootswand steht in großen Lettern: HOFFNUNG. Freundlich grüßend verschwinden die Kanuten ebenso rasch wieder hinter der nächsten Biegung. Hoffnung? Hoffnung! Das ist es, was ich genau in diesem Moment brauche.

Hoffnung – diese innere Kraft, die uns sagt: „Mach weiter! Gib nicht auf! Trau der Sache, trau dir und wage dich weiter!" Ich muss lächeln bei dem Gedanken, dass mir jemand dieses Boot exakt im richtigen Augenblick in den Weg geschickt hat. Was für eine schöne Vorstellung. Und genau damit beginnt ja das, was wir Hoffnung nennen. Es ist ein innerer Perspektivwechsel, ein Für-möglich-Halten, ein Aufwachen, eine Sehnsucht, die uns wandelt. Hoffnung ist eine Einstellung, eine Haltung dem Leben gegenüber. Vielleicht geht es gar nicht so sehr darum, „auf etwas" zu hoffen, sondern möglichst oft hoffend zu leben.

Seemöve, Dorle, roter Pirat – ich habe in den letzten Tagen viele Bootsnamen gelesen. Hoffnung ist ein Unikat. Das gab es noch nie. Wie kommt jemand darauf, sein Boot „HOFFNUNG" zu nennen? Schade eigentlich, dass die Begegnung so rasch vorbei war. Je mehr ich darüber nachdenke, desto mehr Fragen habe ich. Ich wüsste gerne, ob der Name ein Erfahrungswert, ein guter Wunsch, ein missionarischer Ruf in die Welt oder eine Bierlaune war. Zumindest ist ja „das halbvolle Glas sehen" ein Gedanke, der zu Bier und Hoffnung gleichermaßen passt. Ich ahne, es geht um mehr, bedaure, dass ich nur vermuten kann und freue mich, dass diese Leute den Mut oder die Freude hatten, ihr Boot ganz nebenbei zur Botschaft werden zu lassen. Für mich ist es heute eine passende, eine willkommene Botschaft. Sie gibt mir Kraft, das Paddel fester zu fassen und weiterzumachen.

Der kanadisch-deutsche Autor Ulrich Schaffer hat einmal den Satz gesagt: „Bildet eine Verschwörung der Hoffnung". Mit anderen Worten: Suche dir zuversichtliche Menschen, die auf einem Weg sind, der Gutes für möglich hält und der deinem ähnelt. Suche das Gespräch, die Begegnung mit solchen Menschen, denn am Du wächst das Ich. Hoffende Menschen können uns tragen mit ihren guten Gedanken, ihren Fragen, ihren Gebeten und sie können uns ertragen, wenn wir an uns selbst zweifeln. In so einer Gemeinschaft gelingt es leichter, das halbvolle Glas, die ungenutzten Möglichkeiten wahrzunehmen. Allein ist das schwerer und ich habe ungeheuren Respekt vor Menschen, die uns darin ein Vorbild sind. Nelson Mandela, der es in Einzelhaft schaffen musste, die Hoffnung zu bewahren, hat sich mit einem Vers aus dem Gedicht „Invictus – Unbezwingbar" immer wieder selbst Mut zugesprochen: I am the captain of my soul.

Hoffnung ist eine Entscheidung. Wer hofft, der findet Grund unter den Füßen, auch wenn der Boden schwankt. Er kann die Kraft aufbringen und aufstehen – ob äußerlich wie Bartimäus oder innerlich wie Nelson Mandela. Wichtig ist allein die Frage, worauf du hoffst und was dir Grund gibt im Leben. Diese Frage bringt Weite ins Leben, richtet uns auf.

Ich bin jedem Menschen, der mich damit konfrontiert und mir seine Hoffnung zeigt dankbar.

- Pflanzen Sie ein Stück Hoffnung, wo es jeder sieht und keiner vermutet. Wie wäre es mit einer Wildblumen-Samentüte auf dem nächsten Grünstreifen? Oder nutzen Sie Brachland, um die Umgebung ein Stück bunter und lebenswerter zu gestalten.

- Der Regenbogen wird in der biblischen Geschichte von Noah als göttliches Bundes- und Hoffnungszeichen verstanden. Wann haben Sie das letzte Mal einen Regenbogen gemalt? Es macht Laune, einen bunten Hoffnungsbogen zu malen. Nehmen Sie sich Fingerfarben, Fenstermalfarben, Wachsfarben, Kreide oder Buntstifte – egal wie viele und welche Farben. Wichtig ist es, einfach zu beginnen.

- Wagen Sie ein kleines Experiment. Nehmen Sie etwas Kleingeld, nicht mehr als fünf Euro, in kleinen Münzen in der Jackentasche mit. Stiften Sie heute Hoffnung, indem Sie jemandem ungefragt dabei helfen, die Parkuhr zu füttern, den Einkaufswagen spendieren, einem Straßenmusikanten etwas geben.Freuen Sie sich daran, wenn heute Menschen spüren: „Die Welt ist besser als ich dachte."

- Stärken Sie Menschen in ihrer Hoffnung auf Genesung, Vergebung, Veränderung, indem Sie sich Zeit für ein fürbittendes Gebet nehmen. Auf diese Weise stellen Sie dem Kummer, Leid oder der Hoffnungslosigkeit ein Dennoch zur Seite.

DIE HOFFNUNG AUF JESUS SETZEN

Dem blinden Mann macht es nichts aus, dass er die anderen nervt. Er schreit, Jesus möge ihn wahrnehmen. Das ist ihm nicht peinlich. Er wartet schon so lange auf Hilfe. Blind sein, das ist ein schweres Schicksal. Zu Jesu Zeiten eines, das Menschen absolut ausgrenzt aus der Gesellschaft. Krankheit wird als Strafe Gottes gesehen.

Jesus heilt am Ende den Blinden, er kann wieder sehen. Und doch macht Jesus klar: Krankheit ist nicht Strafe Gottes. Ob wir glückliche, zufriedene Menschen sind, hängt nicht von der Gesundheit ab, davon, ob wir mit Behinderungen leben müssen oder nicht. Ich denke, es hat eher damit zu tun, ob wir wissen, wer wir sind, ob wir unsere innere Balance und gleichzeitig unseren Platz im Leben gefunden haben.

Mir graust davor, dass die sogenannte „prosperity gospel", also das Evangelium des Erfolgs, heute in den USA, aber auch in Korea oder Nigeria gepredigt wird. Angeblich sind dann Reichtum und Gesundheit ein Zeichen der Gnade Gottes.

Was aber würde das bedeuten? Dann wären alle, die arm und krank sind nicht fromm genug? Ein solches Gottesbild hat Jesus nie gezeichnet. Vielmehr hat er alle an den Tisch eingeladen, die Gesunden und die Kranken, die Frommen und die gar nicht Frommen. Weil Gottes Lebenszusage eben für alle gilt.

Wenn das so ist, werden wir auch frei vom Urteil anderer. Ob sie nun peinlich finden, dass wir unsere Hoffnung auf Jesus Christus setzen, ist völlig sekundär. Dass wir die Hoffnung haben, die Welt verändern, ja verbessern zu können, mögen sie naiv finden – das ficht uns nicht an. Unsere Überzeugung, dass Gott dem Tod nicht das letzte Wort lässt, sie klingt absurd in einem wissenschaftsgläubigen Zeitalter – das treibt uns das Gottvertrauen nicht aus.

Der Blinde in der Markuserzählung wird sehend. Das kann heißen, dass er real wieder sehen kann. Es kann bedeuten, dass er Zusammenhänge begreift. Ihm wird sichtbar, dass er zu Recht die Hoffnung auf Jesus setzt.

Margot Käßmann

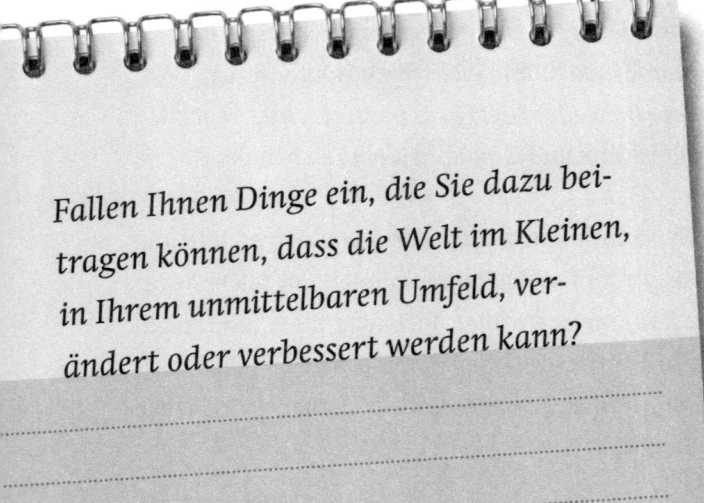

Fallen Ihnen Dinge ein, die Sie dazu beitragen können, dass die Welt im Kleinen, in Ihrem unmittelbaren Umfeld, verändert oder verbessert werden kann?

Sie stirbt zuletzt
Susanne Niemeyer

Die Hoffnung soll immer zuletzt sterben. Egal, ob Flutkatastrophe oder Lottogewinn, Hirntumor oder Liebeskummer. Immer muss sie ausharren bis zum bitteren Ende. Egal, wie hoch die Chancen stehen.

Das arme Ding. Ich stelle mir vor, dass sie hier und da gern sagen würde: „Leute, es tut mir leid. Nehmt's mir nicht übel, aber hier kann ich wirklich nichts mehr ausrichten. Lena wird Holger nicht küssen, auch in hundert Jahren nicht. Nicht jeder Lahme wird gehen können. Sorry." Sie meint das nicht böse, sie traut sich nur, der Realität ins Auge zu sehen. Und deren Augenfarbe ist manchmal eben nicht rosa.

Sie würde dann gern weitergehen. Weil sie sieht, was nach der Katastrophe kommt. Denn ein „Danach" gibt es immer. Darin ist die Hoffnung eine Meisterin. Egal ob Himmel oder Holger, sie ist schon zwei Schritte voraus. Unsereins kann sie da schnell mal aus dem Blick verlieren. Aber das macht nichts. An der nächsten Ecke wartet sie geduldig, bis man wieder aufgeholt hat und dann führt sie einen in ein Land, das man sich nicht hätte träumen lassen.

Die Hoffnung hat ihre Augen überall, am liebsten aber in der Zukunft. Und da gibt es immer irgendetwas Rosiges. Auch, wenn man selber noch schwarzsieht.

Worauf hoffen Sie und was gibt Ihnen Grund im Leben?

Zeig, wofür
du stehst

Zeig, wofür du stehst

Susanne Breit-Keßler

BIBLISCHE MINIATUR
ZU MT 26, 69–75

Petrus war immer ein rechtes Großmaul. Jesus hat
ihn mehrfach zu ein bisschen mehr Bescheidenheit
und Demut bewegen wollen – erfolglos. Selbstkritik
war nicht die herausragende Eigenschaft des Jüngers,
der von sich und dem Gottessohn felsenfest über-
zeugt ist. Andererseits: Ein starker Partner, dieser
Petrus.

Aber dann kommt diese eine Nacht, in der alles in
Stücke geht. Jesus wird verhaftet, gefoltert, mit dem
Tod bedroht. Petrus sieht seinen Lebenssinn dahin-
schwinden. Und dann redet noch dieses Gesindel
dumm daher, bringt ihn mit dem Nazarener in Ver-
bindung – eine akute Gefährdung seiner eigenen
Existenz.

Denn wenn er zeigt, wofür er steht, wird er hängen. Dann nützt er doch niemandem mehr etwas! Vielleicht könnte man Jesus ja noch retten. Dann braucht man ihn, den starken Petrus, der immer wieder vorhergesagt hat, worauf das hinausläuft und dass man sich dem besser entziehen sollte. Aber niemand hat auf ihn gehört.

Wenn man Jesus nicht retten kann, wäre es besser, in das alte Leben zurückzukehren. Eine tote Gefolgschaft hilft keinem. Also lieber abstreiten, dass man Jesus überhaupt kennt. Wer? Ich? Nein, ich habe mit diesem Gefangenen nichts zu tun. Wie schnell geht es, dass man die verlässt, denen man Freundschaft und Treue geschworen hatte ...

> **Wenn er zeigt, wofür er steht, wird er hängen. Wem nützt er dann noch?**

Wie schnell tritt man einen Schritt zurück, wenn die neben einem scheel angesehen, diskreditiert oder zur Lachnummer degradiert werden. Und Petrus verleugnet alles, was ihm bislang heilig war. So, wie Jesus es vorhergesehen hat. Denn auch er hatte Bilder von der Zukunft vor Augen, einer Zukunft, in der er verlassen sein würde. Der Hahn kräht.

Und Petrus heult. Das wichtigtuerische Vieh auf dem Misthaufen erinnert ihn in den Morgenstunden an seine vollmundigen Versprechungen, die er samt und sonders vergessen hat. Jetzt zeigen seine Tränen, dass er doch zu sich steht – weil er leidvoll die Differenz wahrnimmt zwischen eigenem Sein und Schein.

In diesem Moment ist der großsprecherische Apostel wirklich stark. Nichts mehr mit pathetischen Gesten und Worten. Er zeigt wahre Reue, zeigt, dass er zu seiner Verantwortung und zu seinem Versagen steht. Auf dieser Basis macht Jesus nach Ostern mit ihm neu weiter. Komm, du Fels, das wird schon. So einen wie dich kann ich brauchen.

Haben Sie schon mal jemanden verraten aus Angst, zu ihm zu stehen?

MENSCH, PETRUS

*Mensch, Petrus, wofür stehst du eigentlich? Stehst du fest
wie ein Fels in der Brandung? Oder bist du nicht doch ein
schwankender, schwacher Typ?*

*Kann man sich an dir orientieren in stürmischen Zei-
ten? Oder willst du das gar nicht, willst vielmehr mit deinen Worten meinen Widerspruch hervorrufen und mich
so zu einer eigenen Haltung finden lassen?*

*Mensch, Petrus, du bist einer, dessen Wort Gewicht hat
und der am Ende zu seinem Wort steht. Oder? Hattest zugesagt, Jesus nicht zu verlassen. Mit ihm zu gehen, was
immer auch kommen mag. Und das war mutig. War doch
immer schon klar, dass es kein leichter Weg werden würde.*

*Oder wird einem das erst richtig bewusst, wenn es dann
ernst wird? Du hast miterlebt wie es ist, wenn brutale Gewalt in das Leben einbricht, dem Freund die Freiheit genommen wird. Der grausame Tod am Kreuz droht.*

*Das bringt einen ins Nachdenken. Es ist viel einfacher,
ein Versprechen zu geben, lauthals zu sagen, dass man zu
seinem Wort steht, als all das dann auch in die Tat umzu-
setzen. Wort und Tat in Krisenzeiten in Übereinstimmung
zu halten, ist eine Kunst. Eine Lebenskunst. Erst recht, wenn
sich die Situation so dramatisch zuspitzt.*

*Hattest du gedacht, dass es so hart wird, dass es plötz-
lich um alles geht, um Leben und Tod? Das war nicht abzusehen. Aber wann ist so etwas schon abzusehen?*

Mensch, Petrus, hast du das nicht kommen sehen, dass es eng wird, wenn du Jesus nachgehst, bis in den Hof hinein nachgehst, nur um zu sehen, wie alles weitergeht? Es spricht für dich, dass du nicht vorher schon aufgegeben hast. Das bist du: Einer, der Jesus bis zuletzt nahe sein wollte.

Und dann: Dämmert einem, wie dunkel es gleich wird. Die Knie fangen an zu zittern, der Mut schwindet. Das ist ein beklemmendes Gefühl: Wenn die Not einem vor Augen tritt, wenn mit einem Mal kein Ausweg, keine Alternative mehr möglich zu sein scheint. Hat da deine innere Stimme auch begonnen zu fragen: Wie konnte ich mich in diese Situation begeben? Es reicht doch, dass einer in der Hand der Häscher ist.

Mensch, Petrus, wofür stehst du eigentlich, als dich die Frau anspricht und sagt, dass du auch mit Jesus, dem Galiläer warst? Für einen wankelmütigen Mann? Hast du gedacht, du stellst es ganz schlau an, wenn du dich dumm stellst? So tust, als ob du nicht weißt, wovon die sie spricht?

Manchmal klappt das ja. Mitunter kommt man damit im Leben durch. Aber: Ein gutes Gefühl stellt sich dabei nie ein. Im Gegenteil: Man geht kaputt daran. Denn der Weg ist so kurz von der Leugnung einer Sache bis zur Verleugnung eines anderen Menschen. Verdammt schnell geht das. Das hast Du erfahren. Man steht da als einer, der Angst hat. Aber es ist die Angst um sich. Angst um das eigene Leben. So groß ist deine Angst, dass alles andere, alles, was dir so wichtig war, dahinter zurücksteht. Verleugnet wird.

Was muss das für ein furchtbarer Moment sein: Wenn einem Worte über die Lippen kommen, die man so niemals hat sagen wollen. Und doch sind sie in der Welt. Sind nicht mehr zurückzuholen, ist das Unvorstellbare gesagt: Ich kenne diesen Menschen nicht.

Von nun an wird alles nur noch schlimmer: Denn neben die Angst tritt jetzt auch die Scham. Zu spüren: Ich habe einen Menschen verraten, habe sein Vertrauen mit Füßen getreten, habe seine Würde verletzt, habe ihn verflucht.

Mensch, Petrus, wofür stehst du eigentlich wirklich? Für einen ganz schlimmen Opportunisten? Für einen üblen Zeitgenossen?

Oder stehst du nicht doch beispielhaft für einen Menschen, der den unerwarteten Herausforderungen des Lebens hart ausgesetzt ist. Bist du einer, der – wie wir alle – eine klare Haltung finden muss, wenn man merkt, dass Lippenbekenntnisse allein nicht mehr reichen, sondern tatkräftiges Engagement gefragt ist? Es wirklich um etwas geht. Also um Alles oder Nichts. Wenn es darum geht, dass ich mich entscheiden muss: Riskiere ich etwas, oder schütze ich mich. Geht es um mich? Folge ich meiner Angst, liebe vor allem mein Leben, oder lebe ich die Liebe?

Mensch, Petrus, wofür stehst du eigentlich wirklich? Du stehst doch für einen Mann, der sich ändern kann. Du bist doch ein Mann, der auch weinen kann.

Mit dir bin ich noch lange nicht fertig, Petrus!

Sebastian Feydt

Zeig, wofür du stehst – konkret

Beate Hofmann

Beinahe hätte ich die kurze SMS übersehen, die in meinem Handy aufblinkt. „Treffpunkt heute Abend vor der Kirche. Die Straße schweigend mit Kerzen in der Hand säumen. Keine Parolen, sondern nur hinstellen!" Ich bin unsicher, wie viele Menschen diesem Aufruf folgen werden. In unserem Ort grummelt es im Untergrund. Flüchtlinge wohnen seit einigen Wochen in der renovierten alten Schule. Bisher ist alles friedlich geblieben, obwohl die Meinungen weit auseinandergingen und sich die Begeisterung über die neuen Nachbarn in Grenzen hält. Doch nun haben sich Neonazis angesagt, um mitten im Ort eine Demonstration abzuhalten. Es sind keine Menschen aus dem Ort, aber sie werden offene Ohren finden – bei manchen zumindest und sie werden Unfrieden provozieren. Wollen wir das hinnehmen? Wie kann man reagieren? Was tun?

Als wir im Dämmerlicht, eingestimmt von einer Andacht und gestärkt mit einem Wort des Friedens, aus der Kirche treten, sammeln sich immer mehr Menschen auf dem Vorplatz. Kerzen werden verteilt und nochmals die Bitte, sich nicht provozieren zu lassen. Dann laufen wir die Hauptstraße hinunter, bilden eine leuchtende, stumme Kette auf beiden Seiten der Straße. Diese Gasse zieht sich weit hin und umrundet den Platz, an dem die Demonstration stattfinden soll. Die Kerzen brennen flackernd, unruhig wie unsere Herzen. Aber sie bringen ein unverhofftes Licht und etwas Friedvolles in die aufgeheizte Situation, als die Demonstranten aufziehen.

Es ist schwer, die Hassparolen anzuhören, die aus dem Megaphon schallen. Doch keiner sagt etwas. Wir senden schweigend ein starkes Zeichen. Hier stehen hunderte Einwohner eines kleinen Ortes und zeigen, dass sie aufstehen für Mitmenschlichkeit, für Respekt und für die Hoffnung auf ein gutes Miteinander trotz aller Schwierigkeiten. Junge und alte Menschen, Mütter und Väter mit Kindern, selbst etliche Senioren mühsam auf den Gehstock oder Rollator gestützt, haben sich auf den Weg gemacht.

Ich spüre eine tiefe Zufriedenheit in mir. Es ist gut und wichtig, hier zu sein. Und es ist wohltuend, dass wir viele sind. Ein gutes, ein großes Wir entsteht an diesem Abend – und es bleibt. Auch als wir nach einer Weile auf ein Zeichen hin schweigend nach Hause gehen, die Kerzen noch in der Hand. Es ist deutlich geworden, dass die Überzahl der Menschen hier anders denkt als die wenigen lautstarken Unruhestifter. Sie haben uns ungewollt dazu gebracht, Haltung zu zeigen und für unsere Werte aufzustehen. Das zu erleben war bewegend und es hat uns alle verbunden.

Aufstehen und Haltung zeigen ist riskant. Es steht auf dem Spiel, als Andersdenker in der Minderheit zu sein, verlacht oder verunglimpft zu werden. Deshalb tun wir uns mitunter schwer damit. Ich kann Petrus gut verstehen. Welch ein Risiko, sich zu outen. Es liegt so nahe, sich erstmal in Sicherheit zu bringen und zu distanzieren, um vielleicht später von außen helfen zu können. Doch es zählt das Jetzt. Es zählt die Ernsthaftigkeit, mit der wir zu dem stehen, was wir denken und sagen. Meistens sind die Momente, in denen wir gefragt sind, zu unseren Werten zu stehen wenig spektakulär. Es sind die kleinen alltäglichen Situationen, wo jemand gekränkt, ungerecht behandelt, belächelt, gemobbt, überredet wird, in denen wir zeigen können, wofür wir stehen. Dass Menschen respektvoll, liebenswürdig, aufmerksam und unterstützend miteinander und mit ihrer Mitwelt umgehen, beruht auf Werten, die tief in uns verankert sind. Glaube, Liebe, Hoffnung sind spirituelle christliche Werte. Darüber hinaus spielen Werte wie Gerechtigkeit, Mitmenschlichkeit, Toleranz und Treue eine Rolle für die meisten Menschen. Diese Werte müssen gelebt werden, wollen wir echt und aufrichtig sein. Sie sind die Quelle für einen guten Selbstwert. Was einem Menschen wirklich wertvoll ist, zeigt sich daran, wie dieser Wert im Alltag gelebt oder umgesetzt wird. Wo dies nicht geschieht, wächst ein innerer Ekel vor sich selbst. Eine zerstörerische Kraft, die unser Wohlbefinden und unsere Lebensfreude zunichtemachen kann. Aufzustehen kostet deutlich mehr Mühe als sitzen zu bleiben. Aber es ist gesünder und stärkt unser Rückrat in jeder Beziehung.

Drei Coaching-Tipps, um Haltung zu zeigen:

• Nehmen Sie sich Zeit für eine Neubesinnung auf Ihre Werte. Werte sind wertvoll für eine stabile Persönlichkeit und grundlegend für das soziale Handeln. Es lohnt sich, eigenen Werte gut zu kennen. Hier vier Leitfragen dazu: Für welche Werte stehen Sie? Was ist Ihnen wichtig im Umgang mit anderen? Wann sind Sie verletzt oder getroffen? Wofür engagieren Sie sich mit Lust und Leichtigkeit?

• Zeigen Sie bewusst Haltung, wenn Ihnen etwas auffällt und werden Sie sichtbar! Das braucht Mut, egal ob es der Aufkleber am Auto, der Post auf Facebook oder der Leserbrief in einer Zeitung ist.

• Planen Sie heute bewusst eine halbe Stunde Zeit ein, um sich dem zu widmen, was Ihnen wertvoll ist: das Telefonat mit Kindern oder Eltern, ein Brief, ein Spaziergang, eine Sporteinheit, Freiraum für Ihr Hobby, Zeit zum Gebet oder was immer Ihnen wertvoll ist, in letzter Zeit jedoch zu kurz kam.

GOLDENER STIFT

Schon am ersten Schultag merkte sie, dass sie hier nicht glücklich werden würde. Zwar traf sie einige Kinder aus dem Kindergarten wieder, tolle alte Freundinnen. Schnell gewann sie neue hinzu. In den Pausen draußen mit den vielen Kindern eroberte sie das ganze Schulgelände. Wenn es nach dem Läuten im Klassenraum zurück zu den Buchstaben ging, zurück zu den Zahlen, dann war alles zu Ende. Sie begriff nichts und schrieb alles falsch, ihr Kopf war voller Watte.

Die Lehrerinnen wussten nicht, was mit ihr los war. Sie spürte deren Ratlosigkeit. Die besorgten Blicke der Erwachsenen wurden zur Last. Zensuren gab es noch nicht, zum Glück! Sie fühlte sich als Letzte in einer langen Schlange, stand vor verschlossenen Türen. Es ging zu irgendwelchen Fachärzten, die Rede war von Legasthenie und Dyskalkulie. Komische Worte, klangen nach Urteil. Schule war furchtbar.

Abends setzte sich die Mutter auf ihr Bett. Mutter zählte alles auf, was sie gut kann: Sport, Singen, Musik, Malen, Streit schlichten, Religion, Lachen, sich freuen, Freundin sein und eine „tolle Tochter". Jeden Abend wusste die Mutter etwas anderes. Dann betete sie mit ihr. Sie schlief mit dem Gefühl ein: Mir kann doch nichts passieren, es gibt so vieles, was Spaß macht. Irgendwann führte ihre Mutter einen „Goldenen Stift" ein. Mit dem zeichnete sie alles an, was gelungen war. Zwischen all den roten Strichen der Leh-

rerin glänzte es golden. *Das sah richtig schön aus. Den Lehrerinnen gefiel das nicht. Mutter machte es trotzdem.*

Am Abend vor dem Fachabitur klopft die Mutter an ihre Zimmertür, setzt sich vorsichtig auf die Bettkante. Sie sei so froh, dass nun die Schule zu Ende gehe. „Endlich" hört sie ihre Tochter. Sie hätte viele Tage gelitten, aber irgendwann sei die Watte ja weniger geworden. Die Schulpausen waren das Beste. Gerne hätte sie alles schneller und leichter gelernt, ohne die viele Nachhilfe. Dann zählt die Mutter auf: Grundschule geschafft, Realschule geschafft, Fachabi fast in der Tasche, Sport, Musik, Kunst, Tanzen, Freundschaften pflegen und für gute Stimmung sorgen, Freundlichkeit und Humor und: Immer wieder aufstehen. Sie ist nicht zu bremsen. Da schiebt die Tochter der Mutter die Hand hin, „du warst mein ‚Goldener Stift'". Der Schule habe das oft nicht gefallen, ihr aber sei der Mut gewachsen. „Danke für alles", sagt sie und betet ihr altes Abendgebet.

> **" Mir kann doch nichts passieren, es gibt so vieles, was Spaß macht. "**

Henning Kiene

WER MAG DENISE?

Ines, Anna und Emma trugen die coolen Klamotten, sie wussten immer über die neusten Apps Bescheid, sie hingen viel mit den sportlichsten und lustigsten Jungs ab. Jedes andere Mädchen dachte: „Ich wäre auch gern wie sie." Sie waren die beliebtesten Mädchen in der Klasse, die man bewundert hat. Beliebt sind sie auch heute noch.

Wir waren damals elf und zwölf Jahre alt. Es war die Zeit, als man viel mehr als jetzt über sich selbst nachgedacht hat: Bin ich schön genug? Wie denken die andern über mich?

Eine Zeit lang gehörte ich auch zum Club. Ich hing in den Pausen mit Ines, Anna, Emma und den anderen Mädels ab. Einmal kam es zum Zickenkrieg. Einige begannen auf den richtig unbeliebten Mädchen herumzuhacken, zum Beispiel auf Denise. Bis Ines abstimmen ließ: „Wer mag Denise?" Niemand meldete sich, ich auch nicht. Ich fand es zwar nicht in Ordnung, dass überhaupt darüber abgestimmt wurde. Gleichzeitig fand ich es aber nicht einfach, mich gegen die herrschende Meinung zu stellen. Ich war ja froh, endlich dazuzugehören.

Kurz darauf habe ich mitgekriegt, dass das offenbar immer so in der Gruppe ablief. Auch über Natalie und Vera wurde abgestimmt, mit denen ich damals sehr befreundet war. Ich habe darüber nachgedacht und mich geärgert. Erst einmal habe ich ganz viel mit Denise, Natalie und Vera geredet und ihnen gesagt: „Ihr könnt euch das nicht einfach gefallen lassen!" Aber Denise wollte keinen Ärger. Sie sagte immer: „Ist doch alles gut." Vera und Natalie stimmten mir zwar zu, aber es geschah nichts.

Ich habe mich nur noch mehr darüber aufgeregt. Bis ich auf dem Schulhof Ines und Emma konfrontiert habe. Ich habe ihnen gesagt, wie unmöglich sie andere Leute behandeln. Danach fühlte ich mich total mies, zumal sich daraus ein riesiger Streit unter den Mädchen entwickelte, der immer größer wurde. Die Jungs hielten sich da heraus. Aber Natalie und Vera schalteten sich ein, auch andere. Und bei den coolen Mädchen war ich nun richtig unten durch.

Einmal, da war der Streit noch im vollen Gang, bekam ich mit, wie Ines über Emma in ihrer Abwesenheit lästerte, kurz darauf auch Emma über Anna. Dann habe ich mich gefragt: „Wie reden die wohl über ihre anderen Freundinnen? Und wie haben die in meiner Abwesenheit über mich geredet, als ich noch zu ihrer Gruppe gehörte?"

Unser Streit kam sogar vor die Lehrer. Dass über Leute hinter deren Rücken gelästert wurde, das sollte es an unserer Schule eigentlich gar nicht geben. Die Lehrer hatten schon seit der 5. Klasse oft mit uns über Mobbing diskutiert. Es gab richtige Präventionsveranstaltungen. Die hat irgendwann niemand mehr ernst genommen. Aber als wir dann mit der ganzen Klasse über die Lästereien bei uns diskutiert haben, stand ich mit meiner Position auf einmal ganz gut da.

Später habe ich mir als Konfirmationsspruch Sprüche 31,8. ausgesucht: „Tu deinen Mund auf für die Stummen und für die Sache aller, die verlassen sind." Wegen dieser Mobbing-Geschichte aus der Schule. Mir war deutlich geworden: Egal, wie toll man die Leute findet, letztlich muss man ihnen die Stirn bieten können. Schon allein, um sich nicht in solche Widersprüche zu verstricken wie Ines und Emma.

Maria F., 15 Jahre alt

Fallen Ihnen Menschen in Ihrem Umfeld ein, die stumm, die „verlassen sind"? Wie könnten Sie für sie Ihren Mund auftun?

....

....

....

....

....

....

Was ich brauche
Susanne Niemeyer

Ich brauche kein Desinfektionsmittel für meine Hände. Nicht in meiner Küche und auch nicht auf dem Spielplatz. Hör mir auf mit der Angst vor lauernden Gefahren, die keiner sieht und du schon gar nicht. Ich brauche keine Apple-Watch, die mir Emails aufs Handgelenk schreibt. Ich brauche auch keine Spaghettizange, weil ich Löffel und Gabel benutze. Ich brauche keine engstirnigen Menschen, die schaudernd den Weltuntergang preisen. Bitteschön, mögen sie doch ins Mittelalter zurückkehren, wenn sie meinen, früher war alles besser. Ich brauche keine Schuldgefühle, jedenfalls solange ich mein Tun am besten Gewissen ausrichte und mich notfalls korrigieren lasse. Ich brauche kein Küsschen rechts und links.

Was ich brauche, sind ein paar Mutige. Ein paar, die Vertrauen haben und mir etwas davon zuwerfen, wenn ich verzage. Die den Mund aufmachen, ohne andere niederzuschreien. Die denken und aus ihren Gedanken kein Dogma machen. Die nicht nur dabeistehen, sondern mitmischen. Und wenn es sein muss, auch mal eingreifen. Was ich brauche, sind ein paar Verbündete, und vielleicht brauchen die auch mich.

HÄUBCHEN UND KREUZCHEN

Ich habe der Diakonie in Hamburg einmal vorgeschlagen, sie sollten sich irgendeine Form von Ansteckern für die Mitarbeitenden machen, aus denen deutlich hervorgeht, dass sie dort in einer Einrichtung arbeiten, die kirchlich angebunden ist. Der Vorschlag kam gut an beim Vorstand des Diakonischen Werks und wurde niemals umgesetzt. Ich verstehe beides gut. So wenig zeitgemäß die Häubchen von Diakonissen auch anmuten, so sehr machen sie doch deutlich, dass unter ihnen jemand steckt, der es ernst meint mit der Nächstenliebe. Nur echte Überzeugungstäterinnen setzen sich so etwas auf den Kopf. Und gerade im Bereich der Wohlfahrt ist es ein sehr beruhigendes Gefühl, wenn sich jemand um einen kümmert, der oder dem man die Berufung ansieht. Das Kronenkreuz der Diakonie könnte eine Art „neues Diakonissenhäubchen" werden, wenn alle Mitarbeitenden es trügen – vielleicht als Brosche. Man könnte gleich sehen: Hier sind Menschen an der Arbeit, die aus ihrem Glauben heraus arbeiten, nicht weil sie halt irgendwas tun müssen, um Geld zu verdienen.

Ganz abgesehen davon, dass ich nicht einmal weiß, ob man es Mitarbeitenden der Diakonie überhaupt vorschreiben dürfte, so ein Kronenkreuz sichtbar an der Kleidung zu tragen, ist meine Idee auch nicht durchweg gut. Schließlich war das Tragen des Häubchens für Diakonissen eine freiwillige und vermutlich auch willkommene Gelegenheit, den Ernst des eigenen Glaubens auszudrücken. Wer heute bei der Diakonie arbeitet, wird sicherlich dem evangelisch christlichen Glauben gegenüber nicht feindselig sein. Aber sich immer sichtbar dazu zu bekennen, in einer kirchlichen Einrichtung zu arbeiten, ist ebenso sicher nicht jedermanns Sache. Das aber würde das Tragen eines Kronenkreuzes signalisieren.

Warum ist es manchmal unangenehm zu zeigen, dass man „eine oder einer von denen" ist? Es ist ja nicht wie in der Nacht, als Petrus Jesus verleugnete. Man begibt sich ja in unseren Breiten nicht in Lebensgefahr, wenn man mit „denen" identifiziert wird. Aber vermutlich ist genau das der springende Punkt: „Einer von denen" zu sein, heißt, mit allem identifiziert zu werden, wofür „die" stehen. Die Mitarbeiterin einer kirchlichen Kita muss damit rechnen, als Vertreterin der Kirche wahrgenommen zu werden – auch ohne das Tragen irgendeines Kreuzes. Wer zu „denen" gehört, muss sich alle Fragen gefallen lassen, die man an „die" hat. Es spielt dabei keine Rolle, ob man selbst Fragen hat, ob man selbst der Kirche oder der Diakonie kritisch gegenübersteht. Wenn jemand von außen sagt: „Du bist einer von denen", sind die Seiten klar verteilt.

Petrus hat versucht, die Seiten wieder zu wechseln. Lieber wieder einer „von euch" sein, anstatt „einer von denen". Anschließend hat er bitterlich geweint. Mir sind keine Geschichten bekannt, in denen sich Petrus nach diesem Vorfall jemals wieder so verhalten hätte. Im Gegenteil, er stellt sich *zu Pfingsten mitten in die Menge und ruft so laut er kann, dass er einer von denen ist, die zu Jesus Christus halten. Und das ausgerechnet, als man von „denen" annimmt, sie würden sich bereits am Vormittag besaufen. Was ist passiert? Ist er einfach mutiger geworden? Vielleicht. Auf jeden Fall ist die Situation zu Pfingsten eine ganz andere als zu Karfreitag. Als Jesus gefangen genommen wurde, war Petrus einer von denen, die mit diesem Rabbi gezogen sind. Zu Pfingsten ist der Rabbi gestorben und als Christus auferstanden. „Zu denen" zu gehören heißt nun, an etwas viel Größerem teilzuhaben. Denn nun ist Gott selbst endgültig einer von uns geworden.*

Darum finde ich es angemessen, wenn Angestellte der Kirche mit der Kirche identifiziert werden. Wer in einer kirchlichen Einrichtung arbeitet, ganz egal in welcher, wird zum Teil von Gottes Heilsplan. Das sagt noch nichts darüber aus, wie sehr man sich selbst damit identifiziert. Aber diese Erkenntnis kann einem den Rücken aufrichten und stärken. Und wenn man kritisch angefragt wird, kann man schließlich gemeinsam kritisch weiterfragen. Wichtig ist, ansprechbar zu sein für das größere Ganze. Dazu braucht es keine Anstecknadeln in Kreuzform.

Frank Muchlinsky

Zeig dich
Gott /7

Zeig dich Gott

Susanne Breit-Keßler

BIBLISCHE MINIATUR
ZU JONA 2, 1–11

Jona hat keine Lust, Gottes Aufträge zu erfüllen. Er ist voller Fluchttendenzen, die eigene Gemütlichkeit ist dem Propheten wichtiger als das, was er den Leuten in Ninive ausrichten soll. Sie sind boshaft und das verdrießt Gott sehr. Aber Jona zeigt sich Gott als selbstgenügsamer, gesellschaftlich desinteressierter Zeitgenosse.

Er stellt sich seiner Aufgabe einfach nicht. Mag sein, dass er auch Angst hat – aber wofür besitzt er seine Talente, die des Redens etwa? Jedenfalls nicht zum Schweigen. Filmreif haut der Herr Jona für seine Verweigerung nicht in die Pfanne, aber in den Bauch eines Walfisches. Man könnte sagen, er hat einen göttlichen Humor.

Wenn du nicht rausgehen willst in die Welt und deinen Job machen, dann bleib halt auf dir sitzen – in einem Fisch. Dann hast du deinen Rückzug. Jona findet das nicht so witzig und zeigt sich Gott nochmal. Als jemand, der genau erkennt, was Gott alles drauf hat und wozu er imstande ist.

Er signalisiert: Ich habe verstanden und erkenne deine Größe. Ich will nicht gegen dich arbeiten, sondern komme endlich meinen Aufträgen nach. Und Gott lässt ihn wieder auf die Piste eines Propheten. Nicht gerade eine Partymeile, nicht vergnügungssteuerpflichtig, anderen mitzuteilen, dass sie in Gottes Namen völlig schiefliegen.

Aber Jona macht das super. Er zeigt sich der Welt als ein Mann, der sich traut, kritisch zu sein. Er sagt Ninive den baldigen Untergang voraus. Die Bewohner samt Herrscherhaus sind schwer beeindruckt. Man beeilt sich, der üblen Prognose zu entkommen. Es wird bereut und gefastet, was das Zeug hält – und zwar ernsthaft.

Gott rückt von seinen Vernichtungsplänen ab. Die Stadt geht in Sack und Asche; er freut sich. Jona ist ärgerlich. Wofür hat er das Ende von Ninive beschworen? Was soll das? Er präsentiert sich als leicht zwanghafte, beleidigte Leberwurst. Wenn er sich so viel Mühe mit Untergangsvisionen gegeben hat – warum werden sie dann nicht Wirklichkeit?

Eine witzige Geschichte mit viel feiner Ironie. Denn Gott führt dem mauligen Propheten noch mit Hilfe eines Rizinusstrauches vor, wie kostbar ihm jedes Leben ist. Und wie sehr er Güte und Weite des Herzens liebt. Nicht mal diese Mühe ist ihm zu viel, um falsche Moral zu enttarnen. Irgendwie hat Gott wirklich Freude an Querköpfen.

Wo in Ihrem Leben ahnen Sie: Gott ruft mich, aber ich verkrieche mich?

JURI GAGARIN UND
DIE SUCHE NACH GOTT

Als Juri Gagarin als erster Mensch im Weltall unterwegs war, hat er Gott nicht gefunden. Dies wurde uns dann in der Schule als weiterer Beweis für die Nicht-Existenz Gottes vorgeführt. Dabei wurden natürlich immer besonders die Kinder angesprochen, die in die Christenlehre oder den Konfirmandenunterricht gingen. Wir, als die Angesprochenen wussten natürlich, dass wir auf andere Art und Weise als Juri Gagarin nach Gott suchen müssen. Aber es war für uns als Kinder in der Schule schwer, es in Worte zu fassen. Wir spürten zwar, dass Gagarin selbst nie richtig nach Gott gesucht hat. Aber wie sollten wir das in der ideologisch aufgeladenen Schule so ausdrücken, dass wir gehört wurden und nicht noch mehr Nachteile erhielten? Wie konnten wir es so glaubhaft machen, dass aber auch wir damit nicht gekniffen hätten? Am liebsten wäre uns gewesen, Gott hätte sich eindeutig gezeigt.

Über die Jahrtausende sind Menschen auf der Suche nach Gott. Auch wenn wir ihn hoffentlich oft suchen – Gott lässt sich oft nur so schwer finden. So schwer verstehen.

Als wir im Jahr 2002 in den Hochwasser-Fluten der Mulde fast untergingen, gab es tiefe Verzweiflung, Mutlosigkeit und auch manches Stoßgebet. Und das dann auch von Menschen, die wohl noch nie gebetet hatten. Sie suchten nach Halt, vielleicht auch nach Gott. Tief unten in der glitschi-

gen, oft stinkenden Nässe, in und nach der Flut. Manchmal haben wir gemeinsam gerufen. Manchmal auch nur ganz einsam gebetet. Manchmal gehofft und oft gebangt. Psalmworte wurden gebetet: „Gott hilf mir, denn das Wasser geht mir bis an die Kehle. Ich versinke in tiefem Schlamm, wo kein Grund ist, Ich bin in tiefe Wasser geraten und die Flut will mich ersäufen."

Wie Jona im Bauch des Fisches. Der dort in seiner einsamen Verzweiflung sitzt und aus der Tiefe mit Psalm-Worten ruft. (Gut, wenn man dann solche Worte noch hat!) Am liebsten würde man immer, wenn man so tief unten ist, rufen: „Zeig dich Gott"!

Und wenn Rettung da war? Haben wir sie als Zeichen Gottes deuten können?

Klaus Peter Hertzsch hat die Jonageschichte in eine wunderbare Ballade gefasst – wohl für seine kleineren Patenkinder gedichtet. An der Stelle, als Jona aus dem Bauch des Fisches wieder an Land kommt, heißt es:

„Und Gott sah aus von seiner Höh
und sah auf die Stadt Ninive,
sah auch den guten Fisch und sah:
Jetzt ist der Jona wieder da.
Und sprach zu ihm: nun aber geh
auf schnellstem Weg nach Ninive!"

Da gab es kein Kneifen mehr. Gott hat sich Jona gezeigt, in dem er ihn aus den tiefsten Tiefen wieder heraufgeholt hat.

Dort zeigt sich Gott! Nur wir sehen ihn dann oft nicht mehr. Weil wir schon wieder anderes im Blick haben.

Und doch wendet Gott auch unseren Blick immer wieder einmal zurück oder zeigt sich uns auf andere Art und Weise. Wenn ich Nachrichten von anderen Hochwasserkatastrophen höre und sehe, wie im Sommer 2017 aus Texas, werde ich wieder an das eigene Erleben erinnert. An das Tief-unten-Sein im Schlamm. Und daran, dass sich Gott in anderen Menschen, in ihrer und damit auch seiner Zuwendung immer wieder neu gezeigt hat. Dazu muss ich nicht in die Tiefen des Weltalls, muss nicht zu extremen eigenen Höhenflügen aufbrechen. Es reicht, sich immer wieder einmal zu erinnern, wie Gott uns selbst aus den tiefen Fluten erretten kann.

Christian Behr

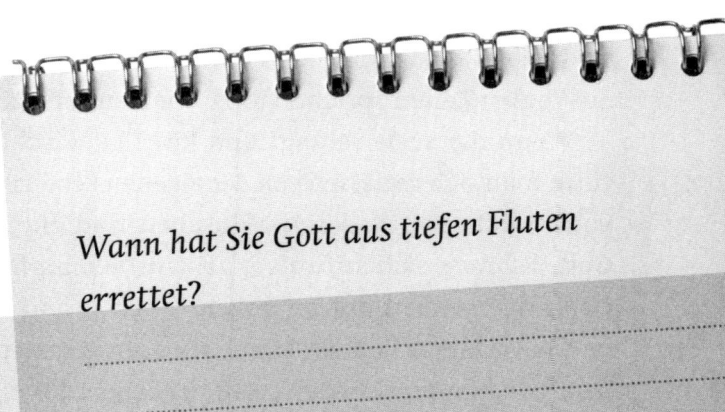

Wann hat Sie Gott aus tiefen Fluten errettet?

Zeig dich Gott – konkret

Beate Hofmann

Ich kann mich schwer auf mein Schreiben konzentrieren an diesem Vormittag. Immer wieder schweifen die Gedanken ab, kehren zurück zum Inhalt der E-Mail, die ich heute morgen bekommen habe. „Ich weiß nicht, wie ich den nächsten Tag bewältigen soll. Habe mich selbst in die Klinik begeben, da ich mir nicht mehr zu helfen wusste. Ich fühle mich wie in einem Tunnel ohne Ausgang. Ein dunkles Loch, aus dem ich nicht mehr herausfinde …" – das ist so unwirklich. Es passt einfach nicht zu der erfolgreichen, tatkräftigen und aktiven Geschäftsfrau, die ich vor einigen Monaten noch zum Essen getroffen habe. Ich habe keine Ahnung was zwischenzeitlich passiert ist und wie es dazu kommen konnte, doch die Not, die aus diesen Zeilen spricht, rührt mich zutiefst an.

Wenn die Seele verzagt und kraftlos wird, dann fühlt man sich verlassen von der eigenen Lebenskraft, vom Glück, von anderen Menschen und auch von Gott. Es muss sich anfühlen, als würde man immer tiefer in einem Sumpf versinken.

Viele von uns kennen Momente oder Zeiten im Leben, wo man an Grenzen stößt, in denen das eigene

Wissen, die Kräfte und Möglichkeiten nicht mehr ausreichen. Dann drängt sich die Frage auf, warum musste das geschehen? Wie konnte das nur passieren? Wieso hat niemand früher eingegriffen, nicht mal Gott?

Die Frage nach dem Warum, nach der Abwesenheit Gottes mitten in größter Not ist eine der schwierigsten Fragen der Menschheit. Theoretisch ist vielleicht erklärbar, was da psychologisch passiert. Praktisch ist und bleibt es eine extreme Herausforderung. Hilflos und betroffen fehlen uns die Worte, können wir Nähe anbieten statt Antworten. Doch so, wie dieser Hilferuf auf meinem Bildschirm kann es hilfreich sein, seine Not herauszuschreien oder zu schreiben. Denn es entlastet einen leidenden Menschen gewaltig, wenn er sagen kann, dass es ihm gerade schlecht geht, dass er Zuwendung oder ein Gebet als Rückhalt braucht. Und mir hilft es, Anteil zu nehmen und selbst aus der Ferne Rückenwind zu geben. Dafür bin ich ihr dankbar.

> **Wo bist du, Gott, in der Not? Das ist eine der schwierigsten Fragen der Menschheit.**

Monate später treffe ich sie endlich wieder persönlich und wir haben Zeit zum Reden. Sie hat ihre Lebenskraft zurückgewonnen und darüber hinaus viel über sich, ihren Körper und ihre Psyche gelernt.

Von ihr weiß ich, dass es nach dem Klinikaufenthalt eine Mischung war aus äußerer und innerer Bewegung, aus Meditation, Gesprächen und vor allem regelmäßiges Hinausgehen, was ihr weitergeholfen hat. Jetzt gehören vor allem bewusste Pausen und das viele Draußensein zu ihrem Alltag dazu.

Aus der Erfahrung, aber auch durch zahlreiche Studien wissen wir, dass schon kurze Spaziergänge in der Natur gerade für Menschen in seelischer Not, Trauer oder Depression eine große Hilfe sind. Das Wohlfühlhormon Serotonin steigt nachweislich an und führt zu einer zuversichtlicheren seelischen Grundstimmung. Vielfältiges Grün, das Glitzern eines Flusses, die Geräusche von raschelnden Blättern, das Zwitschern von Vögeln und der Blick auf ziehende Wolken entspannen uns ganz von selbst. Manches, was uns belastet, wie das gedankliche Kreisen um eine Krankheit, einen Verlust, eine Kränkung, wird durchbrochen. Wir können uns besser konzentrieren und damit auch wieder andere Perspektiven einnehmen. Natur bewertet nichts und niemanden. So spürt ein Mensch: Ich kann sein, der ich bin. Ich muss weder gefallen noch einem vorgefertigten Bild entsprechen. Ich kann mich annehmen und andere lassen, wie sie sind. Ich bin Leben inmitten von Leben, was leben will.

Unter der Weite des Himmels oder beim Erscheinen eines riesigen Regenbogens spüren die meisten von uns genauso wie beim Anblick des Meeres oder der hohen Berge, dass es eine Dimension gibt, die das eigene Denken übersteigt. Was wir persönlich erlebt haben, und sei es auch noch so schwer, wird relativiert. Es bildet nicht mehr den einzigen Dreh- und Angelpunkt der Gedanken. Wir spüren, dass wir in einem größeren, einem göttlichen Zusammenhang eingebunden sind. Diese Verbundenheit gilt als einer der wesentlichen Faktoren für seelische Widerstandskraft und befähigt uns, aus Krisen wieder aufzustehen, um trotz aller Verletzungen oder Ängste weiterzuleben. Wenn wir den Mut haben, solche Erfahrungen zu teilen, wenn Menschen aus dem Dunkel der Seele wie aus dem Bauch eines Fisches herausfinden, dann wage ich zu sagen: Gott hat sich gezeigt.

Coaching to go-Tipps für Zeiten der Krise und Sehnsucht nach Gott:
• Greifen Sie mal wieder zu Farbtöpfen und Pinsel. Allein die Möglichkeit, mit flüssigen Farben, großen Bewegungen und ganz für sich allein ein Thema aufs Papier zu bringen, entlastet und macht ganz nebenbei den seelischen Horizont weiter. Sie benötigen Acrylfarben in den Grundfarbtönen rot, blau und gelb, dazu einen alten Teller zum Mischen weiterer Farben und breite, weiche Pinsel sowie Fotokarton oder eine Rolle aus Paketpapier, um wirklich

in großen Formaten gestalten zu können. Geben Sie Ihrem Werk einen Titel. Sie können auch nach einiger Zeit an diesem Bild weitermalen, drüberzeichnen und somit die Vergänglichkeit Ihrer Gefühlslage darstellen.

- Raus mit der Klage! Es kann entlastend sein, bittere Erfahrungen, Sorgen oder Ängste aus den Gedanken ans Licht zu bringen. Eine Art Klagemauer bietet seelische Entlastung. Das kann ein Feuer sein, in dem Sie ein Papier mit belastenden Gedanken verbrennen. Hilfreich, aber nicht für jeden zugänglich ist eine Freundin/eine Seelsorgerin, die das Erzählte für sich behält. Alternativ können Sie auch probieren, wie es Ihnen damit geht, Ihre Klage immer zu einem Baum oder Hügel nach draußen zu bringen und dort auszusprechen. Wichtig ist, dass diese Klage nicht in Ihrer Wohnung und in Ihrem Herzen bleibt. Als Ergänzung kann man ein schönes Glasgefäß aufstellen und darin kleine Zettel sammeln mit guten, stärkenden Erkenntnissen und Erlebnissen. Diese werden zum Hoffnungsort.

ZEIG DICH WIE DU BIST

Meistens kann er den Blick in den Spiegel nicht aushalten. Er kann nicht leiden, was er da sieht. Mit Mäkeligkeit hat das nichts zu tun; er kann es einfach kaum ertragen. Angefangen hat das alles damals, als sie ihn komisch angesehen haben, und dann gelacht. Oder schlimmer, einen Spruch gemacht, völlig überflüssig; er wusste es doch längstens selber. War ja unübersehbar, überall Bläschen und Pickel. Erst juckt es, dann brennt es wie Hölle. Die Waschlotion und die Creme von der Hautärztin bringen überhaupt nichts.

Bis heute schämt er sich deswegen. Dabei kann er doch überhaupt nichts dafür! Oder? „Man weiß nicht genau, wo es herkommt," hat die Ärztin gesagt. „Das sind Entzündungen." Wieso? Verstopfte Talgdrüsen, die Neigung dazu ist vererbbar, hormonelle Veränderungen, seelische Gründe, manchmal verwächst es sich … Es ist auch nach der Pubertät geblieben, zusammen mit dem Ekel. So soll mich niemand sehen, so kann mich keiner mögen, so trau ich mich nicht mehr raus.

Es gibt viele Gründe sich nicht zu zeigen. Es ist leichter abzutauchen oder davonzulaufen, als sich zu stellen. Wie schnell ist das geschehen, dass ich mich zurückziehe, in meine Arbeit, jeden Abend vor den Fernseher und das Tablet, in ein Leben zwischen Job und Fitnessstudio, in meine Mini-Familie, in die Zweisamkeit mit meiner Katze, in die

Regelmäßigkeit meines Alltags, in die Beschaulichkeit meines Schrebergartens, in die Sicherheit meiner vier Wände, in die Bequemlichkeit meines Sessels. Raus aus dem Leben, ab in den Bauch des Fisches!

Es gibt so viele Gründe sich zu verkriechen. Einer der häufigsten und besonders wirkungsvollen ist Angst. Unten in der Tiefe sitzt du und fragst dich, wie du noch Luft kriegen sollst, wie Atmen geht. Angst ist der Rachen des Todes. Dagegen hast du keine Chance. Tunnelblick. Schockstarre. Nacht. Ende. Für Lastwagen keine Wendemöglichkeit.

Wohin mit meiner Angst? Gar nicht so einfach zu sagen. Wem vertraue ich? Wem trau ich zu, dass er mir helfen kann? Dass er zuhört und mich ernst nimmt und nicht mit irgendeiner von den vielen gut gemeinten hilflosen Floskeln abspeist und auch nicht gleich eine Lösung parat hat, die vielleicht seine ist, aber meine nicht werden kann.

Was ist eigentlich mit – Gott? Traue ich ihm das zu, dass er mir antwortet, wenn ich mit ihm rede, dass er mich hört, wenn ich mein Stoßgebet vor mich hin flüstere? Dass er mich sieht und rausfindet, wo ich mich verkrochen habe und mich sucht und da rausholt? Kann ich etwas dafür tun, dass ich Gott das zutraue? Traue ich mich, mich Gott zu zeigen, so wie ich bin?

„Für die nächste Übung suchen Sie sich bitte einen Partner," sagte unser Seminarleiter. „Verteilen Sie sich so im Raum, dass Sie genug Platz um sich herum haben. Stellen Sie sich hintereinander – so, dass Sie beide in dieselbe Richtung sehen. *Derjenige, der hinten steht, sucht sich einen stabilen Stand und streckt beide Arme leicht nach vorn. Die Hände sind senkrecht aufgestellt. Suchen Sie einen guten Abstand zueinander. Derjenige der vorn steht, kann die Augen schließen; er wartet einen Moment, baut eine gute Körperspannung auf, dann lässt er sich langsam nach hinten fallen. Keine Sorge, nachher wird gewechselt. Jeder kommt dran.*"

Ich war ziemlich skeptisch, obwohl ich den Kollegen gut kannte, mit dem ich mich zusammengetan hatte. Ich spürte, wie er hinter mir wartete. Eine Weile stand ich und versuchte herauszufinden, ob das schon Körperspannung war oder ob ich mich nur verkrampft hatte. Ich weiß nicht mehr, woran ich gedacht habe in diesen Sekunden, die sich unendlich lange hinzogen. „Ich sank hinunter zu der Berge Gründen, der Erde Riegel schlossen sich hinter mir ewiglich," heißt es bei Jona, und: „Als meine Seele in mir verzagte, gedachte ich an den Herrn, und mein Gebet kam zu dir." Irgendwann ließ ich mich fallen.

Johannes Goldenstein

Die Nelke im Knopfloch

Susanne Niemeyer

Ich sage es lieber gleich frei heraus: Ich habe keine Ahnung, wann Gott mit mir redet. Manchmal denke ich, er nuschelt. Ich kann nicht unterscheiden, ob seine Stimme die ist, die mich zum Eisstand zieht oder die sagt: Rette die Welt. Geh demonstrieren!

Es ist ja auch heikel. Schließlich kann jeder behaupten, Gott habe ihm diesen oder jenen Auftrag gegeben. Ostfriesland zu missionieren, Kinder mit siebzehn Männern zu bekommen, lila Schuhe zu tragen, John Lennon zu erschießen. Nicht jede Stimme im Kopf ist Gott. Und im Großen und Ganzen bin ich darüber sehr froh.

Die Frage bleibt, wie wir zusammenkommen. Denn für ein Treffen wäre ich bereit, wenn es hilft, würde ich eine Nelke im Knopfloch tragen, wobei der Fall wohl eher so liegt, dass Gott sich die Nelke anheften müsste. Bis er das tut, stehe ich hier:

Ich bin die, die am Eisstand drei Kugeln bestellt und keine trägt das Wort „Joghurt" in ihrem Namen. Ich bin die, die immer noch glaubt, dass Geld kein guter Regent ist, dass nicht jeder ein Einfamilienhaus braucht und es auch kein Menschenrecht aufs Fliegen gibt. Ich bin die, die sich mit voller Absicht drei Stunden im Wald verirrt und die sich tapfer durch alle Widersprüche kämpft. Ich bin die mit den Sommersprossen, ich bin die, die es nicht hinkriegt, die Klappe zu halten, auch wenn es manchmal klüger wäre. Ich bin die, deren Haar nie nach Frisur aussieht, die Bonbons lieber lutscht als zerbeißt, die es leider noch zu keiner echten Meisterschaft gebracht hat, trotz vieler Anfänge. Ich bin die, die immer noch keinen Sellerie mag, die sich mit Spinnen nicht anfreunden kann, die sich nur mit Argumenten überzeugen lässt und nicht durch Autorität. Ich bin die, die neugierig ist, unleidlich wird, wenn sie zu wenig schläft und die an drei von sieben Tagen Streifen trägt.

Du erkennst mich, oder?

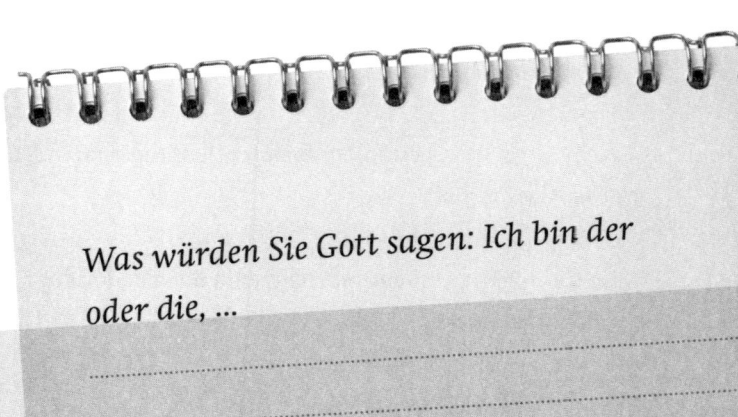

Was würden Sie Gott sagen: Ich bin der oder die, ...

Autorinnen und Autoren

Hans-Jürgen Abromeit, *Dr., Bischof im Sprengel Mecklenburg und Pommern der Evangelisch-Lutherischen Kirche in Norddeutschland.*

Christian Behr, *Superintendent von Dresden-Mitte.*

Christiane Birgden, *Gemeindepfarrerin in Hürth.*

Susanne Breit-Keßler, *Regionalbischöfin, ständige Vertreterin des Landesbischofs und Oberkirchenrätin im Kirchenkreis München und Oberbayern.*

Arnd Brummer, *geschäftsführender Herausgeber der Zeitschrift „chrismon".*

Siegfried Eckert, *Gemeindepfarrer in Bonn und Autor zahlreicher Bücher.*

Christian Engels, *Pfarrer und Senderbeauftragter im Gemeinschaftswerk der evangelischen Publizistik für das Privatfernsehen, die Deutsche Welle und Phoenix.*

Sebastian Feydt, *Pfarrer an der Dresdner Frauenkirche.*

Stephan Fritz, *Senderbeauftragter für ZDF-Gottesdienste im Gemeinschaftswerk der Evangelischen Publizistik.*

Johannes Goldenstein, *Dr., Referent für Gottesdienst und Liturgie im Amt der Vereinigten Evangelisch-Lutherischen Kirche Deutschlands.*

Ulrike Greim, *Rundfunkbeauftragte der Evangelischen Kirche in Mitteldeutschland.*

Gabriele Herbst, *ehrenamtliche Pfarrerin in Magdeburg, Autorin, Gedichte und Kurzgeschichten in verschiedenen Anthologien.*

Beate Hofmann, *Autorin, Dozentin an der Evangelischen Hochschule Moritzburg und Life-Coach. (www.hopeandsoul.com)*

Eva Jung, *Kommunikationsdesignerin und Autorin. (www.gobasil.com)*

Ilse Junkermann, *Landesbischöfin der Evangelischen Kirche in Mitteldeutschland.*

Margot Käßmann, *Prof. Dr. theol., Botschafterin der EKD für das Reformationsjubiläum 2017.*

Henning Kiene, *Pastor für das Reformationsjubiläum 2017 im Kirchenamt der EKD.*

Annette Kurschus, *Präses der Evangelischen Kirche von Westfalen.*

Frank Muchlinsky, *Redakteur bei evangelisch.de.*

Susanne Niemeyer, *freie Autorin, Kolumnistin und Bloggerin (www.freudenwort.de).*

Jeannette Querfurth, *Rundfunkbeauftragte der Bremischen Evangelischen Kirche.*